独裁の世界史

本村凌二 Motomura Ryoji

NHK出版新書
638

独裁の世界史　目次

序　いま、なぜ独裁を考えるのか

歴史から何を学ぶか

現在、日本人の多くは「民主主義の政治が正しい」と考えていることでしょう。たしかに、人類の歴史を振り返って考えると、イギリスの首相を務めたチャーチルの「民主主義は最悪の政治形態といえる。ただし、これまでに試みられてきた民主主義以外のあらゆる政治形態を除けば、だが」という皮肉めいた名言（一九四七年十一月のイギリス下院での演説）は、まことに妥当なものと思われます。

しかし同時に、人類の歴史をひもとくと、その民主政なるものは、極めて不確実で危ういものであることも見えてきます。

たとえば、よく指摘されるように、ヒトラーやムッソリーニの独裁政治は、当時の民主政の選挙を通して成立したものでした。フランス革命のジャコバン派の独裁も、見方によっては革命の民主政的熱狂から生まれたともいえます。

また、古代ギリシアのアテネで民主政治が行われていたことは有名ですが、実はそのアテネの民主政治は、民衆受けを狙う扇動者が幅をきかせるポピュリズム（大衆迎合主義）から「衆愚政治」に堕してしまい、せいぜい五〇年から一〇〇年くらいで挫折してしまっていたことを、どれだけの方がご存じでしょうか。なお、ここでいう「衆愚政治」という言葉は価値判断を含む表現なので、学問の世界では好ましくないと考えられています。しかし、ポピュリズムの成れの果ての姿としてイメージしやすいので、あえて使わせてもらいます。

実は、アテネの民主政の失敗を目の当たりにしたプラトンは、むしろ教養と見識を兼ね備えた哲人による独裁政が理想の政体だと考えていました。プラトンの弟子筋にあたるアリストテレスも、特定少数の貴族が政治的権力を握る「貴族政」や、貴族以外でも少数の適任者による「寡頭《かとう》政」が理想であると主張しているのです。

そのような歴史を見ていくと、現代の民主政も決して盤石なものではなく、むしろ危険な要素を多分にはらんでいることが分かってきます。

二〇二〇年、中国・武漢市に端を発する新型コロナウイルス感染症が、大方の想像をはるかに超えるスピードで世界中に拡大し、未曾有《みぞう》の事態となりました。

パンデミックは、各国リーダーの資質と手腕をこれ以上なく浮き彫りにしました。有無をいわさず厳重な都市封鎖に踏み切った国、大きな痛みを伴う施策の必要性を丁寧に説いて感染拡大を抑えた国、国民の顔色をうかがって対策が後手にまわった国、ウイルスの脅威を軽視して感染が拡大してしまった国――じつに様々です。

新型コロナウイルスの発生源となった中国は、当初、「独裁政」の国らしく情報を隠蔽したために、世界的なパンデミックを引き起こしました。しかしその一方、自国の感染状況が深刻になると、武漢市を厳重に都市封鎖したり、監視カメラとＡＩを駆使して感染者を隔離したりと、強力な全体主義的統制手法によって感染を封じ込めたとされます。

たしかに一般論として、このような非常事態において、独裁には「メリット」があります。意思決定は議会制民主主義のそれと比べれば格段に早く、超法規的な措置をとれば「自粛要請」など必要ありません。個人の自由を制限してでも感染の拡大を防ぐ。その点において、独裁者をいただく国家が、スピードと徹底の度合いにおいて有利であることは否定できません。

また現在、われわれが直面している危機はウイルス禍ばかりではありません。民主主義が「ポピュリズム」に陥り、やがて「衆愚政治」に堕していく危険性も、強烈に浮かび上がりつつあります。

世界的な格差の拡大や価値観の多様化があまりに進み、社会の分断傾向は深刻なものになっています。「お互いの議論によって、よりよい結論を導き出していく」というより、「分断や対立を煽《あお》って、自分の支持者を固めていく」政治手法が幅を利かせる場面を、欧米でもよく見かけるようになりました。さらに、インターネットやSNSなどの発展は、とかくポピュリズム的な政治手法を蔓延《まんえん》させています。デマ情報によって政治が左右される姿も散見されます。

このような姿は、間違いなく「政治の失敗」です。このままでは、古代ギリシアのアテネの民主政のように衆愚政治に陥って、重大な危機を迎えてしまうのではないでしょうか。

そのような「政治の失敗」や「政治の危機」に的確に手を打つためには、世界の歴史に学ぶのがいちばんです。人類はこれまでの歴史のなかで、幾度も失敗を繰り返してきているからです。

「独裁政」「共和政」「民主政」とは何か

本書では、世界史を「独裁政」「共和政」「民主政」の視点から読み解き、現代のわれわれが学び、教訓とすべき点を抽出していきたいと思います。

近代にいたるまでの世界史を振り返ってみれば、多くの場合、独裁の歴史だったといっても過言ではありません。立憲君主政の確立——つまり、王権が法律で制限されるようになったのは、一七世紀イギリスのピューリタン革命や名誉革命、一八世紀末のフランス革命以降のことです。それ以前は、フランス王ルイ一四世が「朕《ちん》は国家なり」と言い放ったように、独裁色の強い絶対君主政が中心だったのです。

独裁政とは、単独の為政者が政治権力を独占する政体を指します。最高指導者が皇帝であれば「帝政」、王であれば「王政」、王位が世襲されていれば「君主政」です。武力で独裁的権力を奪取し、勝手に君主を名乗った場合は「僭主《せんしゅ》政」と呼ばれるのが普通です。

もちろん、独裁を排した国家がなかったわけではありません。「独裁政」への強烈な反発から、古代ギリシアではアテネやスパルタといった都市国家（ポリス）の「民主政」が生まれ、ローマでは「共和政」が五〇〇年維持されました。中世ヴェネツィアの共和政はさらに長く、ナポレオンに征服されるまでおよそ一〇〇〇年続いています。

「民主政」については、くどくどと説明する必要はないでしょう。文字どおり、選挙などによって人民の意志を集約し、それに基づいて行われる政治です。

では、「共和政」とはどのような政体でしょうか。

これは典型的には、古代ローマが採った姿ですが、日本人にとっては非常にイメージしにくいものかもしれません。

しかし欧米人と話していると、独善的な「独裁政」に対比されるのは概して「共和政」で、民主政はその先に出てくる考え方です。一方、日本人の多くは、「独裁政」と「民主政」を対比させて考えがちです。異なる歴史を歩んでいるから仕方のないことかもしれませんが、共和政の知恵に学ばないのは非常にもったいないことだと私は思います。

共和政は、集団による統治を志向する政体で、その点では貴族政や寡頭政に近い部分があります。詳しくは第二部で取り上げますが、ローマ市民で構成する「民会」が、最高指導者「コンスル」をはじめとする政務官を選び、権威と見識を持った貴族で構成される「元老院」が、民会やコンスルに助言するかたちで国政を舵取りしました。

ローマ共和政の肝は、まさに「元老院」にありました。いま述べたように、「権威と見識を持った貴族で構成される『元老院』が国政を舵取りしていた」からこそ、衆愚政治の危険も独裁政の危険も克服しつつ、五〇〇年ものあいだ「共和政体」を持続させ、ローマの繁栄を実現させたのです。つまりローマの共和政は、独裁政、貴族政、民主政という三つの政体をバランスよく組み込み、「元老院」を中心として相互チェックをうまく機能させる政体だったのです。

加えて、ローマ共和政のポイントとして挙げられるのは、独裁政に陥らないために独裁的な要素を完全に排除するのではなく、限定的かつ機動的に取り入れて国家運営をしていたことです。つまり、平時は合議を重んじつつ物事を決めていくのですが、大きな戦争が起きた際などは、コンスルに独裁的な権限を与えていたのです。仮に感染症が起きたとしても機動的な対応が可能な体制でした。

独裁の歴史を経験していたローマ人は、「独裁は悪」と一概にはいえないことを知っていたのでしょう。実際、ローマは優れた「独裁官（ディクタトル）」を得たことで、幾度となく国難を乗り切っています。共和政ローマの独裁官は、今日私たちがいう「独裁者」（英語では dictator）の語源となった公職ですが、期間制限を設けることで腐敗を防いでいました。また、独裁官がその任期中に犯した過ちは、のちに訴追されることもしばしばでした。そのようにして、権力の濫用と失敗を防いだのです。

本書の狙い・構成

本書では、巨視的に歴史を眺めることで、「政治の失敗」をいかに克服するかについて一から考え直したいと思います。独裁者はどんな時に現れるのか。独裁者と強いリーダーの線引きは可能か。独裁政が当たり前だった世界で、なぜギリシアは直接民主政を、ローマは共和政というシステムを作りえたのか。そうした知恵を得たにもかかわらず、なぜ独裁者は繰り返し現れるのか――歴史に学ぶべきこと、とりわけ古代にまで遡《さかのぼ》って学ぶべきことは、たくさんあるように思います。

本書は大きく四部で構成されます。

第一部は古代ギリシアです。アテネやスパルタが、世界初の民主政を立ち上げられたのはなぜでしょうか。ギリシアにおける独裁の歴史を踏まえ、民主政が持つ価値と欠点にも触れたいと思います。アテネの民主政がわずか一世紀足らずで失敗に終わった顚末《てんまつ》には、今日的な教訓も含まれています。

第二部では古代ローマを扱います。王政による独裁を経験し、ギリシアの失敗に学んだローマ人は、共和政という知恵を編み出しました。共和政は、ローマの類《たぐい》まれなる繁栄を支えましたが、最終的には瓦解《がかい》してしまいました。その内実についても検討してみたいと思います。

第三部は、絶対王政からの脱却を図った一八世紀以降がテーマとなります。フランス、ドイツ、ロシア、イタリアの各地に出現した独裁者たちを見ながら、なぜ人類は彼らの台頭を防ぐことができなかったのかを考えます。

最後の第四部では、中世ヴェネツィアの共和政を紹介します。一〇〇〇年もの長きに渡って続いたヴェネツィアの共和政は、現代日本へのヒントにも満ちています。また、イスラエルの歴史学者ユヴァル・ノア・ハラリが指摘する「デジタル独裁」のように、テクノロジーと結びついた現代的な統治についても考えます。

なお、ここまで読めばお分かりのように、本書では「民主政」「共和政」というように、「制」ではなく「政」の字で統一しています。そこには二つの理由があります。

第一の理由は、近代以前は三権分立や主権在民といった制度が、厳密には確立されていなかったからです。その時代その時代の人々が考える「権威」が、制度に代わる礎《いしずえ》となっていたのが前近代の特徴です。

第二の理由は、制度と政治の内実に乖離《かいり》があるからです。たとえば、中国の正式名称は中華人民共和国、北朝鮮は朝鮮民主主義人民共和国ですが、その内実は一党独裁国家にほかなりません。どう考えても中国や北朝鮮は、国名に同じ「共和国」を掲げるフランスやドイツとは政体が異なります。

前置きはこれくらいにしておきましょう。独裁をめぐる二五〇〇年規模の世界史が、これからの社会を考える一助となれば幸いです。

第一部　独裁は悪なのか？——古代ギリシアに学ぶ

第一部関連年表（アテネ）

前八〇〇頃	ギリシア世界でポリスの形成が進む。アテネ建設
前七世紀初	王政から貴族政へと移行
前五九四頃	ソロンの改革（民主政の萌芽）
前五六〇頃	ペイシストラトスが僭主となる
前五二七	ペイシストラトス死去。その子ヒッピアスとヒッパルコスの僭主政治が始まる
前五一四	ヒッパルコスが暗殺され、ヒッピアスの暴政が始まる
前五一〇	ヒッピアスがアテネ市民により追放される（僭主政の終焉）
前五〇八	クレイステネスの大改革（民主政の基盤が成る）
前四九三	テミストクレスがアルコンとなる
前四九〇	第一回ペルシア戦争勃発
前四八〇	第二回ペルシア戦争勃発
前四七八	デロス同盟成立（アテネの覇権確立）
前四六二	エフィアルテスの改革（民主政の制度的完成）
前四五四	デロス同盟の金庫がアテネに移管される

前四五一	ペリクレスの市民権法制定
前四四三	ペリクレスが将軍となる（この頃、民主政の全盛期）
前四三一	ペロポネソス戦争勃発
前四二九	ペリクレス死去
前四一五	アルキビアデスの扇動により、アテネがシチリアへと遠征
前四〇四	アテネの降伏により、ペロポネソス戦争が終結（スパルタの覇権拡大へ）
前三三八	フィリポス二世率いるマケドニアがアテネ・テーベ連合軍を破る
前三三八	ヘラス同盟成立

第一部関連地図

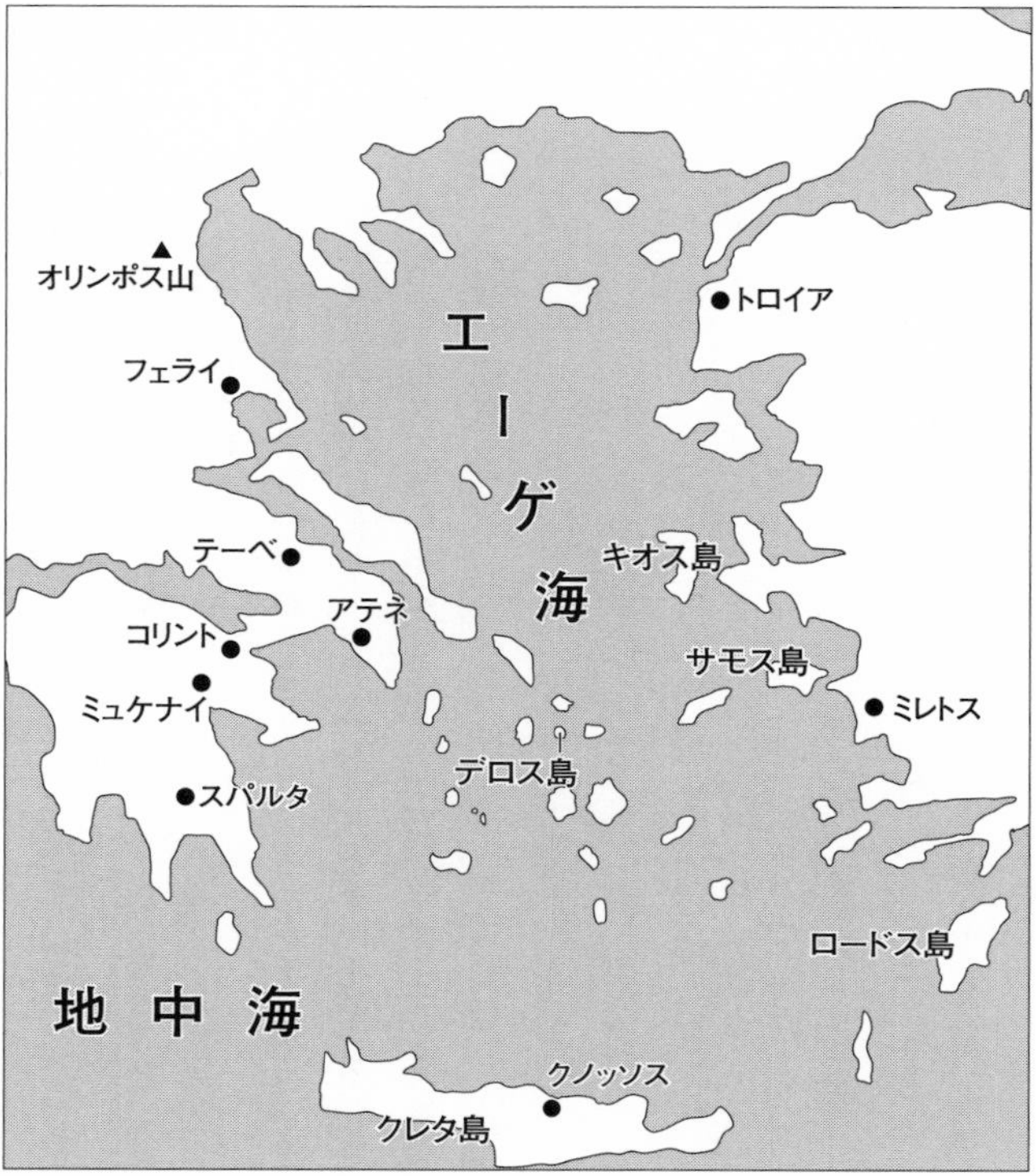
オリンポス山
フェライ
テーベ
コリント
アテネ
ミュケナイ
スパルタ
エーゲ海
トロイア
キオス島
サモス島
ミレトス
デロス島
ロードス島
地中海
クノッソス
クレタ島

第1章　古代ギリシアの独裁

古代ギリシアから何を学ぶか

第一部で取り上げるのは、古代ギリシアです。ギリシアに都市国家「ポリス」が形成された前八世紀から、ほぼすべてのポリスが北方の王国マケドニアに屈した前四世紀までの約四〇〇年間を扱いましょう。前八世紀といえば日本は縄文時代で、弥生時代に入るのが前四世紀のことですから、まだまだ素朴《そぼく》な暮らしが営まれていた頃です。

さて、古代ギリシアといえばポリス、ポリスといえばアテネ（アテナイ）、アテネといえばソクラテスやプラトンが輩出した民主的で理想の国家――。そのようなイメージをお持ちの方も多いと思います。

間違いとはいいません。しかし、この連想には何点か見落とされている事実がありま す。独裁について考える上でも重要なポイントとなるので、最初に押さえておきましょう。

まず、ギリシアの代名詞のようになっている「都市国家」は、ギリシアに始まったものではありません。たとえば、西アジアのティグリス・ユーフラテス河流域に広がるメソポタミアでは、ギリシアより三〇〇〇年以上前、前四〇〇〇年紀にはすでに都市国家が形成されていました。もちろん、同じ都市国家とはいっても、ギリシアとメソポタミアのそれは規模も内実も大きく異なりますが。

ポリスといえばアテネ、という連想にも注意が必要です。地中海の東部、エーゲ海沿岸に広がる古代ギリシア世界には、実に一五〇〇近くものポリスが散在しており、アテネはその一つに過ぎなかったからです。一つひとつのポリスが独立した国家でしたので、日本という国家の中に、東京や大阪といった「都市」があるという話とは異なります。当時、ギリシアという統一国家はありませんでしたし、アテネがその首都的機能を果たしていたわけでもありません。

最も重要なポイントは、数多《あまた》あるポリスの中で独裁政に打ち克《う か》って民主政を実現したのは、アテネやスパルタなど、ごく一部だったということです。しかもそのアテネでさえ、ようやく作り上げた民主政が続いたのは長く見ても一〇〇年ほどです。その理由については、のちほど改めて述べることとしましょう。

ともあれ、王や僭主による独裁を経て、古代ギリシアのポリスに世界初の民主政が生まれたことは事実です。なぜギリシアだったのか。どのように独裁を封じ込めようとしたのか。その歴史を学ぶために、まずはポリスの成り立ちや、それ以前のギリシア世界の様相から見ていくことにしましょう。

人が集まるところに文明あり

ギリシア世界で人口の急増が見られるのは、前八世紀になってからのことでした。

前一二〇〇年頃まで、ギリシア世界には「王国」が群立していました。各王国には、王の住む立派な宮殿があり、その周囲にいくつもの村落が点在して、支配者たる王が各村落から税を取り立てる「貢納《こうのう》王政」が敷かれていました。

この時代の王は「ヴァナカ」と呼ばれ、王宮社会には軍隊や大勢の奴隷がいたとされます。村落や、そこに暮らす民（多くは農民）は「ダーモ」と呼ばれ、「クァシレウ」と呼ばれる豪族がリーダーとしてダーモをまとめていました。

ところが前一二〇〇年頃、栄華を誇った王国の宮殿は軒並み破壊されてしまう。村落の人々が反乱を起こしたわけではありません。略奪目的で王宮を襲撃したのは、当時、東地中海一帯で勢力を伸ばしていた「海の民」だともいわれています。

じつは、この時期に瓦解したのは、ミュケナイやトロイアといったギリシアの王国だけではありません。メソポタミアを征服して鉄器文化を築いたヒッタイト帝国が滅び、エジプトを統一したエジプト新王国も衰退しています。東地中海全域が、ほぼ同時期に危機と混乱に見舞われていたのです。

東地中海世界では、その後三〇〇～四〇〇年に渡って「暗黒時代」が続きました。この時代については史料が極めて乏しく、詳しいことは分かっていません。今後、考古学的な発掘が進んでいけば、この時代の歴史も様相が変わってくるかもしれません。ともあれ現時点では、混乱した「暗黒時代」、あるいは英雄がたくさん出てくるので「英雄時代」というような言われ方をしています。

長い暗黒時代を経て、やがてギリシア世界では「シュノイキスモス（集住）」と呼ばれる動きが広がっていきました。要するに、いくつかの集落の中で最も立地条件のよいところに多くの人々が集まって暮らすようになったのです。

この時に築かれた大集落が、都市としての「ポリス」です。ポリスで新たな権力者となったのは、かつて村落のリーダーであった豪族のような人々でした。ポリスを統《す》べていた王は「バシレウス」と呼ばれますが、これは王政時代の村落リーダー「クァシレウ」が転じた呼称です。ここからも分かるように、ポリスに暮らす人々にとってバシレウスは、かつての王ヴァナカより、はるかに身近な存在でした。

ヴァナカが君臨《くんりん》していた時代は、完全な独裁政です。しかし、当時の村落社会でクァシレウ（豪族）とダーモ（民）が協調しており、ヴァナカが絶対完全な存在だったわけではありません。同様に、ポリスではバシレウスら有力者と一般民衆の距離が近かったことが分かっています。このことが、ギリシアに民主政が生まれる素地となったと考えられます。

実際、各ポリスには、国家の象徴として小高い丘の上にアクロポリス（城塞）が築かれ、大規模な建造物も造られましたが、それは支配者の居城たる「宮殿」ではなく、民衆を守護する神々の座所たる「神殿」でした。ポリスは、この守護神を信仰する人々によって形成された共同体国家だったのです。

貴族と平民の間に生まれた対立

都市国家といっても、一つひとつのポリスの規模は小さく、市民人口はせいぜい数千程度でした。最盛期には三〇万人（中核をなす成人男子市民は四万人程度）を数えたとされるアテネなどは、例外中の例外といっていいでしょう。

草創期のポリスでは、多くが貴族政を敷いていました。アテネも例外ではありません。バシレウスが王として支配していたのはごく短期間で、その権力はやがて分化されていきました。

バシレウスは祭祀を司る長となり、政治・行政を司る「アルコン」、軍事の長たる「ポレマルコス」、これに六人の書記を加えた計九名が、国政の執行に当たるようになります。さらに、こうした公職を歴任した人々からなる評議会「アレオパゴス」も設置されました。アレオパゴスはアルコンを選出し、任命する立場にあります。したがってこれは、評議会であるアレオパゴスに名を連ねる貴族たちによる集団指導体制といえるでしょう。

ところが、同じポリス市民である貴族と平民との間に、やがてシビアな対立が起こります。徐々に力をつけてきた平民が、一握りの貴族による支配に対して不満を持つようになっていったのです。

不満の根底にあったのは富の偏在です。土地の大部分は貴族が所有し、平民の多くはそれを農地として借りていました。市場の自由を認め、貨幣経済が浸透してきたアテネでは、富める者はますます富み、そうでない人は借財を重ねて困窮にあえぐという状況にあったのです。

そこに現れたのがソロンという人物です。彼はアテネ生まれの貴族で、後世のプラトンの対話篇『ティマイオス』『クリティアス』にも登場します。

前五九四年頃、ソロンはアルコンに選出されました。彼は貴族と平民の対立を解決すべく、双方から支持を受けて、選挙により一時的に独裁的な権力を手にします。その時に行ったのが「ソロンの改革」です。

当時のアテネでは、暮らしに窮した市民が自身の肉体を抵当にして借財するケースが増えていました。自分の体を抵当にする、つまり返済できなければ債権者の奴隷になるということです。この問題を解決するため、ソロンは「重荷降ろし」と呼ばれる改革を行いました。つまり、平民の重荷となっていた借金を帳消しにし、奴隷同然となっていたアテネ市民を解放したのです。さらにソロンは、肉体を抵当にして借財することも、有力者が土地を独占することも禁止し、借金による平民の没落を防止しました。

「家柄」から「財力」へ

一方、平民のなかには、貴族に肩を並べるほどの財を蓄える者も出てきていました。そこでソロンは、持てる財産の多寡によって市民を四つの等級に区分し、等級ごとの権利と義務を定めます。これによって、一定の財産を持ち、定められた義務を果たしていれば、貴族でなくても国政に参加できるようにしたのです。

一番上の等級「ペンタコシオメディムノス」は、将軍職に就く資格を持つ人々です。二番目の「ヒッペウス」は、騎兵として武装し、参戦するだけの十分な富がある人々。両等級の人々には、アレオパゴスに参加したり、アルコンに選ばれたりする資格が与えられました。三番目の「ゼウギテス」は、重装歩兵として武装するだけの富がある人々。最下級の「テテス」は、武装する余裕のない小作人や肉体労働者です。

この区分けを見ても分かる通り、国家防衛の戦士として、どれくらいの貢献ができるかが問われたのです。直截《ちょくせつ》にいえば、戦いに必要な武具・武装を自前でどの程度まで整えられるかが、財力を測る一つの目安となっています。

そもそもポリス社会の担い手たる市民は、国を守るための戦士であり、戦いのための装備は自分で用意するのが原則です。有事に武具を自弁し、戦士として国家防衛に貢献した人が、平時には国政の場で発言力を持つことができたわけです。

自分の財産や命をかけて国家防衛の戦いに参加するとなれば、そうまでして守るべき自分の国はどうあるべきかを真剣に考えるようになります。ソロンは、彼らの意見・考えを広く国政に反映させるため、貴族かどうかという「家柄」ではなく「財力」、すなわち有事の貢献度に応じて政治的権利を規定したわけです。

当時、政治の実権を握っていたのは貴族です。アテネには一般市民による「民会（エクレシア）」も設置されていましたが、下層市民はこの民会にすら参加を許されていませんでした。しかしソロンは最下級のテテスにも民会への参加を認め、全市民に参加資格のある民衆裁判も設置しています。民衆裁判所の陪審員は、家柄や等級を問わない抽選制でした。

つまりソロンは、役人を選ぶ権限と同時に、民意に沿わない役人を裁く権限をすべての市民に与えたわけです。

力ずくで権力を奪う「僭主」の出現

ソロンが行った一連の制度改革は、民主政誕生の布石となりました。しかし、貧民の借金を帳消しにするということは、貸していた貴族が大損を被るということを意味します。当然、貴族はソロンの政策に反発します。また、土地の再分配といった抜本的改革に至らなかったことで、平民たちの不満も根本的には解消されず、アテネは混乱を深めることになりました。

ソロンは改革を断行したのち、臨時に与えられていた独裁的権限を自ら手放し、旅に出ます。改革に納得のいかない貴族、まだまだ満足していない平民たちが、ソロンにやり直しや法律の撤廃が要求できないように、アテネを離れたのではないかといわれます。その真偽はともかく、ソロン不在の間に、アテネでは三つの党派が相争う「スタシス（党争）」が起きてしまいました。

スタシスとは、意見・要求の異なる海岸の民、平地の民、山地の民を、それぞれに従えた有力貴族による「代理抗争」です。貴族たちの争いが激しくなりすぎて、収拾がつかなくなったアテネでは、政治の実権を握るアルコンを選ぶことすらできなくなりました。

「アルコンのいない」状態を、ギリシア語では「アルコン」の前に「ア」をつけて表します。「ア」で始まる母音どうしなので「アナルコン」と発音されますが、この言葉が、無政府主義を意味する「アナーキー」の語源となりました。

さて、どんな時代もそうですが、政治的リーダーを選べないような無秩序状態が続くと、力ずくで権力を奪い取ろうとする輩《やから》が出てくるものです。ソロンの改革によって、民主化への道が敷かれたかに見えたアテネも例外ではありませんでした。前六世紀の半ば、アナーキーな混乱状態の中から「僭主（テュラノス）」が現れます。ソロンの身内で、山地の民を率いていたペイシストラトスです。

彼は派閥主義を力ずくで終わらせ、僭主としてアテネに君臨しようと画策します。一〇年におよぶ旅から戻ったソロンは、ペイシストラトスの企てに気づき、激しく抵抗します。ソロンは独裁の危険性を市民に警告するのですが、民衆の支持を得ることはできませんでした。結局、ソロンの警告通り、ペイシストラトスは違法に僭主となり、失望したソロンは、その直後キプロスで八〇年の生涯を閉じたといわれます。

僭主とは、前七世紀から前六世紀にかけてギリシア各地のポリスに現れた支配者で、その多くが、貴族間の勢力バランスが崩れた時に、非合法に政権を奪取しています。日本では、「古代ギリシアのポリス=民主政」というイメージが定着していますが、多くのポリスは貴族政から独裁的な僭主政へと移行し、それが何年も続いていたのです。

平民たちに支持された独裁者

ここまでの流れを、ざっとまとめておきましょう。前一二〇〇年頃までのギリシア世界は独裁的な王政でしたが、暗黒時代を経て多数のポリスが誕生すると、豪族や有力者たちによる貴族政が始まります。しかし、貴族間の派閥争い（スタシス）が起き、その混乱に乗じて独裁的な僭主が出現。アテネで最初に僭主政を敷いたのが、ペイシストラトスでした。

ペイシストラトスは、いかにして僭主になったのか。史料が語るところによれば、彼はまず五〇人規模の軍隊を結成し、これを正当化するために事件をでっち上げます。曰《いわ》く、自分は暴徒に襲われた、この軍隊は自衛のための親衛隊なのだ、と。

まさに嘘も方便。作り話で民会の承認を勝ち取ったペイシストラトスは、自前の軍隊を使ってアクロポリスを占領し、強引に僭主の座に就いたとされます。これを見たソロンが猛反発し、民衆に強く警告したのも無理はありません。

その後、ペイシストラトスは二度もアテネを追われていますが、その都度、知恵を働かせては舞い戻っています。前五四六年に三度目の返り咲きを果たしてからは、前五二七年に他界するまで、安定的に政権を維持しています。

お分かりになると思いますが、ペイシストラトスは違法に政権を掌握した独裁者です。しかし、そんな彼を支持したのは、貴族政への不満を募らせていた平民たちにほかなりません。平民たちの支持を背景にしたペイシストラトスは、武力によって政敵や反対勢力を徹底的に排除し、貴族政の弊害を正していきました。同時に、国力拡充策を強力に推し進め、平民の不満を吸収していきました。

実際、この「独裁者」によってアテネは飛躍的に繁栄しました。当時のギリシア世界では、海上貿易で栄えたコリント（アテネの西南約八〇キロメートルに位置する有力なポリス）のほうがアテネより豊かで、陶器もコリント製のほうが優れていました。ところが、ペイシストラトスの時代になると、アテネでも質の高い黒絵式陶器が量産され、エーゲ海沿岸の至るところに輸出されるようになっています。貨幣鋳造が本格化したのも、やはりこの時期です。

つまり、ペイシストラトスの時代に、アテネが圧倒的な国力をつけ、ギリシア最大のポリスとして権勢を誇る基盤を作ったのは疑いようのない事実なのです。貧富の差は依然としてありましたが、アテネの国力が充実すれば、全体として平民の不満は収まっていきます。

ここに歴史の教訓があります。現代の中国を見ても分かる通り、経済が堅調で国力が右肩上がりを続けている間は、国内の貧富の差や様々な不満も、時の政権を揺るがすような大問題にはなりにくいものです。国力の拡大を実現していくことで平民の不満を吸収し、僭主にのしあがっていったのがペイシストラトスなのです。

もちろん、手放しで称賛するわけにはいきません。たとえば、ペイシストラトスは自らの支持基盤である平民、とくに農民層の保護育成に注力する一方で、民衆から武器を没収しています。豊臣秀吉が方広寺《ほうこうじ》の大仏造営を口実に刀狩りを行ったように、農民に農作業への専従を強いるようなことが古代ギリシアでも行われていたわけです。

またペイシストラトスは、農民から収穫高の一〇分の一を税として取り立てたり、ポリスの要職に自身の親族や側近を配したりしています。つまり、貴族政を打破したという意味では民衆の味方なのですが、反民主的・反ポリス的な側面も色濃く持ち合わせる「独裁者」だったのです。

僭主政の終焉

ペイシストラトスの治世は二〇年近くにおよびました。長く安定的に独裁政を維持できた理由について、彼自身の資質を指摘しているのが、のちのアリストテレスです。曰く、この僭主は民主的かつ博愛の人であり、平素は何事も合法的に行い、自分の利益を図ることがなかった、と。その評価がどこまで妥当かは怪しいものですが、その後の長い世界史の歩みを見れば、ペイシストラトスは「賢明な独裁者」といってもよいでしょう。しかし、「賢明な独裁者」の子が賢明とは限りません。ペイシストラトスには二人の息子がいました。兄ヒッピアスと、弟のヒッパルコスです。父の死後、二人はその独裁的権力を継承して共同統治を始めます。

二人で治めている間は、それなりに穏健な政治が行われていたようです。賢明な父の遺志を継ごうという思いがあったのかもしれません。兄弟で互いに牽制《けんせい》しあうことが、悪政への抑止力になっていたとも考えられます。

ところが前五一四年、弟ヒッパルコスが同性愛の三角関係に巻き込まれ、その関係で殺されてしまいます。残された兄ヒッピアスが単独僭主となると、次第に残酷な暴君と化し、独裁政の負の側面を露呈することになりました。好き勝手に政治を行ったヒッピアスは、結局、前五一〇年に蜂起したアテネ市民によって追放され、アテネの僭主政は二代目であっけなく終わってしまいました。

ペイシストラトスが僭主になってから、ヒッピアスの追放までが三十数年です。三〇年というと平成と同じです。そういう意味では、僭主政が崩れていくのも非常に早かったといえるでしょう。

ちなみに、アテネを追放されたヒッピアスは、アケメネス朝ペルシア帝国に亡命しています。その二〇年後、ギリシアとペルシアとの間で第一回ペルシア戦争が勃発《ぼっぱつ》すると、ヒッピアスはペルシア軍に加担、かの有名なマラトンの戦いではマラトンに上陸したペルシア軍を手引きしています。つまり彼は、最悪の独裁者から最低の裏切り者になったわけです。

どうやらヒッピアスは、ペルシアを利用してアテネの僭主に返り咲こうと目論んでいたようです。しかし、ギリシアのポリス連合軍がペルシアに勝利したことで、その野望は夢と消えます。

アテネに民主政が産声を上げるのは、市民たちがヒッピアスを打倒し、僭主政が崩壊したあとのことです。

第2章　民主政はこうして生まれた

恐怖政治の後で

ヒッピアスの独裁による恐怖政治を経験したアテネ市民は、僭主政を阻止する仕組みの必要性を痛感していました。それを具現化したのが、前五〇八年の「クレイステネスの大改革」です。

ヒッピアス亡命後の政権闘争の中で、民衆の支持を受けてアルコンとなったのは、政治家一族のサラブレッドともいうべき名門貴族クレイステネスでした。祖父はシキュオン（ペロポネソス半島北部、コリントの北西に位置するポリス）の僭主として知られる人物ですが、クレイステネスは民主派の党首的存在でした。彼が行った改革の主眼は、僭主出現の防止と民主政の確立にありました。

彼はまず、それまで利害の対立があった四つの部族を解体し、一〇組の部族に再編成します。この「一〇部族制」は、より多くの人に参政の機会を与えるために創設されたもので、どの部族も旧来の四部族を含み、均質な構成となるよう編まれています。

さらにクレイステネスは、一〇部族制を基に、各部族から各々五〇人を抽選して、計五〇〇人から成る「五〇〇人評議会」を設置します。この評議会は、実質的な国家運営の話し合いを行う場でした。独裁の防止という観点で注目すべきは、任期が一年で重任が禁じられ、再任する場合も一生に一度のみという規定が設けられたことでしょう。

クレイステネスは、公務における特権・権力の独占を防ぐための方策も採っています（一〇人同僚制）。たとえば、将軍職（ストラテーゴス）が手柄を独り占めして大衆の人気を集めることのないよう、各部族から一名を選出して、計一〇名が共同で将軍職を務めるようにしています。

こうした一連の改革の土台となったのが、新設の行政単位「デーモス」です。クレイステネスは、古くからあった共同体的な村落を整理・統合し、アテネの支配領域であるアッティカ全土を、規模に大きな差のない一三九のデーモスに区画し直しました。このデーモスを基本単位として、一〇部族を編成していったのです。これが独裁に打ち克つ民主政の基盤となりました。

各デーモスの区長は区民名簿を管理し、ここに記載された一八歳以上の全男子には、民会に参加できる市民資格が付与されました。また、全市民による「民会」とは別に、各デーモスで「区民総会」が開催され、ここで日常的な問題が話し合われました。

アテネのどこに住んでいても、所属区は、デーモス創設時に父祖が登録された区です。それまでは互いを「〇〇の子の××」と呼びならわしていましたが、改革以降は「〇〇区の××」と呼ばれるようになりました。

もともと「デーモス」という語は、村落もしくはそこに暮らす民衆を意味するものでしたが、クレイステネス以降は、民主政の基盤となる行政区分の名称となりました。そこから生まれたから「デモクラシー（民主主義）」、民主的な市民団（デーモス）による支配（クラシー）と呼ぶわけです。

悪人を追放するための投票

クレイステネスが行った数ある改革のなかで、最も有名なのが「陶片追放（オストラシズム）」です。独裁的な僭主の出現を未然に防ぐための仕組みで、クレイステネスが目指した民主政を象徴するものといえるでしょう。

いったいどのような仕組みでしょうか。アテネ市民は、独裁者になりそうな人物がいると、その人物の名前を陶器のかけらに刻んで提出します。六〇〇〇個を超える陶片で名指しされると、民主政を揺るがしかねない危険人物として、最長一〇年の国外追放に処すことができました。

陶片追放はクレイステネス改革の目玉、民主政の代名詞のようにもいわれます。ところが、実際には政争の道具に使われるようになってしまいます。政敵のリーダーの名を陶片に記して陥れようとしたり、ときには独裁者となる危険があるかどうかに関わりなく、単に気に入らないという理由で陶片に名を刻んだり、周囲の人に呼び掛けて追放票を集めようとする例もありました。民主政を独裁者から守る防波堤として、必ずしも正しく機能したわけではありません。

現在の選挙は、市民の代表たるに相応《ふさわ》しい人を選びますが（選択肢があれば、のことですが）、クレイステネスが考案したのは「排除すべき人」を選ぶシステムです。さらに問題なのは、誰が告発したのか分からない無記名投票だったことです。そのため、陶片追放の仕組みは、国家にとっての危険人物ではなく、単に自分にとっての邪魔者を選ぶ派閥争いに利用されてしまったのです。

ここには、私たちが学ぶべき教訓がありそうです。現代のSNSやインターネット上では、真偽すら定かでない情報に基づき、自分が気に食わない相手を貶める言説が飛び交っています。かつて、独裁を防ぐための陶片追放が悪用されたように、SNSやインターネットは必ずしも良質な政治を導くわけではないのです。実際、陶片追放がどこまで機能したかについては、比較的多くの研究者が否定的な意見を持っているようです。

陶片追放で身を追われた事例としては、ペルシア戦争の英雄でもあるテミストクレスをはじめ、一二例ほどが伝わっています。実はクレイステネス自身も、陶片追放の憂き目に遭い、一年ばかり追放されていました。

それはともかく、追放すべき人の名を刻んで投票するということは、当時のアテネ市民は文字が書けたということを意味します。全員とまではいわないまでも、それなりの識字率があったと想像されます。そもそも、貴族や一部の平民しか文字を解さないとなれば、この改革は成り立ちません。市民が政治への意思表示を刻んだ陶片（オストラコン）は、今もその実物をアテネの「アゴラ博物館」で見ることができます。

民主政に息を吹き込んだのは戦争だった

クレイステネスの改革は、ソロンの改革にはじまる民主政の歩みを大きく前進させました。さらに、前四六二年にエフィアルテスが行った改革によって、ポリス草創期からの歴史を誇る貴族の評議会「アレオパゴス」は既得の実権のほとんどを奪われ、代わりに五〇〇人評議会と民会がその権限を担うようになります。その後、最下層の市民にも役人になる資格が付与されるなど、前五世紀半ば頃までには、ほぼ民主政の制度的完成をみたといっていいでしょう。

しかし、いくら仕組みが整っても、主役たる民衆の意識が伴わなければ民主政は機能しません。下層市民を含め、すべての市民に国政の担い手としての確たる意識が芽生え、自分たちが国を運営していくのだという自覚を持たなければ、クレイステネスらが腐心して構築した仕組みは絵に描いた餅となってしまいます。

では、いかにしてアテネは本当の意味での民主政を完成させたのか。その契機となったのは、実は戦争でした。ギリシア世界に侵攻してきた大国ペルシアとの戦い、いわゆるペルシア戦争です。

前四九〇年の第一回ペルシア戦争は、マラトンの戦いに代表されるように、陸上戦が中心でした。そこで活躍したのは、重装歩兵として参加した富裕市民です。

先述した通り、ポリス市民は、国家防衛の戦士であり、参戦するために必要な武具・武装は自弁しなければなりません。武具自弁が叶わない下層市民は、従軍したとしても後方支援です。荷物を運んだり、車を引いたりする程度では、前線の様子は分かりません。ペルシアがどれほどの強国か、自国がいかなる危機に瀕しているか実感できない彼らに、国事に対する興味・関心や、国家の一員であるという意識が嵩じることはありませんでした。

そんな状況を大きく変えたのが、二度目のペルシア戦争（前四八〇年）です。マラトンの戦いでは辛うじてギリシアのポリス連合軍が勝利を収めましたが、小さなポリスに負けた大国ペルシアは、その雪辱を晴らすべく虎視《こし》眈々《たんたん》とチャンスをうかがっていました。案の定、一〇年後に第二回ペルシア戦争が勃発します。

第一回ペルシア戦争後、アテネは軍船を建造し、来るべき戦いに備えていました。アテネ近郊のラウレイオンという鉱山で銀の鉱脈が発見され、これを開発することで潤沢な軍資金を得ていたのです。

海軍力の強化を推し進めたのは、当時のリーダー、テミストクレスです。アテネ国内では、銀山開発で蓄えた財を市民に分配しろと要求する声も出ていました。しかし、陸上戦で負けを喫したペルシアが、いずれ必ず海軍を率いて再侵攻してくると考えたテミストクレスは、海軍増強が急務だと市民に訴えます。

とはいえ、下層市民はペルシアの恐ろしさを知りません。そこでテミストクレスは策を講じます。敵はサラミス湾をはさんで対立していた隣の島国アイギナだ、と説いたのです。これなら民衆の目にも敵がリアルに見えます。テミストクレスは詭弁《きべん》によって民衆の支持を勝ち取り、この海軍主義が奏功してポリス連合軍は第二回ペルシア戦争でも勝利を収めることができました。

民主政が完成するにあたり、アテネが海軍力で勝利したことは決定的に重要でした。そのカギとなったのは、アテネが建造した一〇〇隻とも二〇〇隻ともいわれる軍船の構造です。

このとき造られた「三段櫂船《さんだんかいせん》」と呼ばれるアテネの軍船は、最下段で大勢の人間が船を漕ぐ仕組みになっていました。船上で戦士として戦うのは貴族や富裕市民ですが、武具を自弁できない多くの下層市民も船の漕ぎ手として参加したわけです。国家防衛の一員となって戦争の現実を目の当たりにした民衆の間にも、自分たちの手で国を守り、国を作っていかなければという意識が芽生えました。これは陸戦では考えられないことです。

第二回ペルシア戦争の海軍主義によって、クレイステネスが用意した制度に命が吹き込まれ、ようやくアテネの民主政は本格稼働します。第二部で取り上げるローマもそうですが、戦争に参加するということは、民主化の大きな契機となるのです。

現代の日本人は、戦争の担い手になることには否定的です。しかし世界史を見渡すと、とりわけ総力戦となった第一次世界大戦以前の社会では、何らかのかたちで戦争に参加し、国防戦闘の担い手となることが国政への関心を喚起し、市民としての自覚を形成して権利主張につながってきたという歴史があるのです。

「笑わない男」の治世

アテネを中心とするギリシアのポリス連合軍は、二度に渡る大戦でペルシアを撃退し、その後のペリクレス時代にアテネは民主政を確立します。

前四四三年に選挙で将軍職に選出され、前五世紀後半のアテネを指導したのがペリクレスです。彼は、民主政の仕組みを作り上げたクレイステネスの姪《めい》の子で、クレイステネスの改革を引き継いでさらに推し進めたエフィアルテスの友人でした。

一説によると、ペリクレスはかなりの美丈夫で雄弁の才に恵まれていたようですが、「笑わない男」だったともいわれます。アテネが目指すべき民主政の理想について演説したペリクレスの言葉が残されているので、ご紹介しましょう。

　われらの政体は他国の制度を追従するものではない。ひとの理想を追うではなく、ひとをしてわが範を習わしめるものである。その名は、少数者の独占を排し多数者の公平を守ることを旨として、民主政治と呼ばれる。わが国においては、個人間に紛争が生ずれば、法律の定めによってすべての人に平等な発言が認められる。だが一個人が才能の秀でていることが世にわかれば、無差別なる平等の理を排し世人の認めるその人の能力に応じて、公けの高い地位を授けられる。またたとえ貧窮に身を起そうとも、ポリスに益をなす力をもつ人ならば、貧しさゆえに道をとざされることはない。われらはあくまでも自由に公けにつくす道をもち、また日々互いに猜疑の眼を恐れることなく自由な生活を享受している。よし隣人が己れの楽しみを求めても、これを怒ったり、あるいは実害なしとはいえ不快を催すような冷視を浴せることはない。私の生活においてわれらは互いに征肘を加えることはしない、だが事公けに関するときは、法を犯す振舞いを深く恥じおそれる。時の政治をあずかる者に従い、法を敬い、とくに、侵された者を救う掟と、万人に廉恥の心を呼びさます不文の掟とを、厚く尊ぶことを忘れない。

（トゥーキュディデース『戦史（上）』久保正彰訳、岩波文庫）

世界初の民主政が、これほど高い理想を掲げていたということを、現代に生きる私たちも記憶に留めておきたいものです。

民主政アテネ栄光の五〇年

さて、ペリクレス演説の背景には、抽選による直接民主政がありました。一部の要職は投票で選ぶものの、政治・行政を司るアルコンですら、クジ引きで選ばれた九人による合議制にしたのです。そのうえ任期は一年で、再任は認められませんでした。

またペリクレスは、貧しい市民が民衆裁判所の陪審員や五〇〇人評議会のメンバーに選ばれた際、安心して公務に専念できるように給料制を導入しました。ただし、公費で給料を賄うことになるため、その対象となる市民身分を限定する法律も制定しています。これは「ペリクレスの市民権法」と呼ばれ、以後、両親ともにアテネ生まれにのみ市民権が認められることとなりました。これによりアテネの市民権は閉鎖的なものになりますが、その実態は次章で見ていくことにしましょう。

ペリクレスが将軍職にあったのは一五年ほどですが、その前後五〇年くらいが民主政アテネの全盛期といわれます。ペルシアと和解し、国内では民主主義が実現され、国力も充実します。パルテノン神殿やオデオン音楽堂が造られたのもこの時代です。

では、民衆の支持を受けつつ僭主になっていったペイシストラトスと、アテネ民主政を率いたテミストクレスやペリクレスは、どこがどのように違うのでしょうか。

前述した通り、僭主ペイシストラトスも、ある意味では「多数者」である民衆の味方でした。しかし彼は、「民衆の不満」を吸収し、それに乗っかるかたちで僭主となった人物です。いわばポピュリズムに乗った治世です。一方、テミストクレスやペリクレスは、民衆の不満を背景にしていたわけではありません。「国家にとって何が必要か」を的確に示し、民衆を説得していった。その政治手腕は、世界史上でも屈指であると思います。

ペイシストラトスの独裁的僭主政にも良い面はありました。独裁政に強みがあるとすれば、トップの判断で何事も決定できるところでしょう。本当に賢明な僭主であれば、民衆の声に引きずられることなく、国にとって必要なことを実行することができる。先述した通り、ペイシストラトスの時代にアテネの国力が拡充していったわけですが、それは彼に「独裁に値する資質があった」ためかもしれません。

結局はリーダーの資質がものをいうことは、実は民主政においても同じです。テミストクレスやペリクレスのような指導者がいるときにはよいかもしれません。しかし彼らがいなくなると、坂を転げ落ちるように凋落《ちょうらく》していくおそれがある。事実、ペリクレス以後のアテネの歩みは、そんな教訓を私たちに残しています。

重要なのは、独裁政であろうと民主政であろうと、優秀な指導者がいなくなったあとなのです。次期有力者は、必ず民衆の不満に乗っかるかたちで台頭し、ポピュリズムに走っていってしまう危険があるからです。

私は決して民衆の声を軽視するわけではありませんが、国家運営には一定程度の見識が必要だと考えています。詳しくは第二部で紹介しますが、ローマの元老院貴族は、それなりの見識を持った人の集まりでした。かたや、民衆にはそれに匹敵するものがあるでしょうか――こうした問題意識は、アリストテレスに始まり、多くの賢人たちが論じてきたところです。

第3章　リーダーの見識

その後、アテネの命運は？

アテネの民主政は、多くの人がイメージしているよりもはるかに短命でした。最近の研究によれば、ペリクレス時代のような完成度の高い民主政ではないにしても、国家の大事は自分たち市民が決めるのだという意識や、民主政の基本的な仕組みはペリクレス以降も曲がりなりにも続きましたが、厳密な意味でアテネの民主政が機能したのは五〇年くらいだといっていいでしょう。

なぜアテネの民主政は破綻したか。端的にいえば、それは対外政策の変化によるものでした。

国内では「多数者の公平を守る」ことを旨としていたアテネですが、対外的には決して「公平」とはいえない行動を取るようになります。その舞台となったのが、二〇〇近くものポリスが参加していた「デロス同盟」です。

和解がなったとはいえ、依然としてペルシアは諸ポリスの脅威でした。デロス同盟は、引き続きペルシアに対抗すべく、ギリシアのポリス同士で結ばれた同盟です。

同盟を結んだ各ポリスからの拠出金は、本部を置くデロス島で管理していました。ところが、アテネはこともあろうに、その金庫をデロス島から自国に移管してしまう。これは明らかにルール違反です。しかもアテネは、この同盟の資金をパルテノン神殿などの建設費用の一部に充てたり、国内の民主体制を支える役人への手当てに流用したりと、自国中心主義でやりたい放題でした。これではほかのポリスが黙っているわけはありません。

アテネは金庫を移管する前から、同盟脱退を表明したポリスを武力で抑え込んだり、降伏したポリスに高額の制裁金を科したりもしています。また、同盟ポリスの土地を没収して自国の植民地にするなど、とても褒められたものではない行為もしていました。

そんな中で制定されたのが、先述の「ペリクレスの市民権法」でした。これは独裁を防ぐ効果があったものの、アテネに負の側面ももたらしました。

アテネでは、それまでは母親が外国人であっても、父親がアテネ人であれば嫡出子はアテネの市民権を得ることができました。民主政の仕組みを作ったクレイステネスや、海軍主義でその仕組みに命を吹き込んだテミストクレスも、母親は外国人です。しかしペリクレスは、両親ともにアテネ人であることを市民権獲得の条件とし、豊かさを享受できるアテネの市民を限定して、閉鎖化していったのです。

限定された少数アテネ人による覇権に対する反発は、みるみるうちに広がっていきました。やがてギリシア世界はアテネ率いるデロス同盟と、スパルタ率いるペロポネソス同盟陣営に二分され、対立を深めていきます。

デロス同盟の結成が前四七八年、アテネによる金庫移管が前四五四年、ペリクレスの市民権法制定が前四五一年です。そして前四三一年、ついにペロポネソス戦争が勃発。戦いは三〇年近くに渡って続き、ギリシア世界全体を疲弊させることとなりました。

ペロポネソス戦争はギリシアの二大ポリスであるアテネとスパルタの戦いといわれますが、ギリシア世界の各地で群発していたポリス間の争いにアテネとスパルタが介入するかたちで展開された、いわばギリシア世界における世界大戦なのです。

スパルタが徹底した民主政

ペリクレスは、市民権を厳格化したり、繁栄のアイコンともいうべき威容のパルテノン神殿を建設したりと、様々な意味でアテネ市民を鼓舞しました。対立するスパルタについても、スパルタ人が軍人として優れているように見えるのは幼い頃から訓練されているからであって、われわれアテネ人は自由人として育ち、平時には自由と豊かさを享受しながら、いざ戦いになると強さを発揮する、選ばれし人間なのだという趣旨の演説を行っています。

では、スパルタは民主化の進んでいないポリスだったのか。そんなことはありません。

アテネとギリシア世界を二分したスパルタは、実はアテネよりも早くにポリスを形成し、ある意味でアテネ以上に民主平等が徹底していました。それを象徴するのが「リュクルゴス制」と呼ばれる独自の国家体制であり、「アゴーゲー」と呼ばれる組織的教育および軍事訓練の制度です。後者はいわゆる「スパルタ教育」として知られます。

リュクルゴス体制下で国政を担っていたのは、スパルタ市民（スパルティアタイ）による「民会」と、世襲制の王二人と長老二八人の計三〇人からなる「長老会」です。世襲制の王と聞いて、すぐに独裁をイメージするのは誤りです。スパルタの王は大きな政治的権力を持っていたわけではなく、有事に指揮を執るのが主たる仕事でした。国家組織の中心となっていたのは合議機関である長老会で、民会では国家の大事を話し合うほか、長老会を諮問機関として「エフォロス」と呼ばれる行政官五人を選出していました。

スパルタ市民がアテネ市民と大きく違う点は、彼らが軍事に専念していたということでしょう。平時も日々訓練にいそしみ、規律の厳しい生活を送りながら質実剛健を叩き込まれました。食事は各自で持ち寄って一緒にとる。そうやって市民の結束強化を図っていたのです。スパルタ市民は「ホモイオイ」とも呼ばれますが、これはまさに「平等な人々」を意味する呼称です。

なぜ、そこまで市民の結束が重要だったのか。理由の一つはスパルタの人口構成にあります。スパルタには市民のほかに、市の周辺に暮らす自由身分の「ペリオイコイ」、隷属民の「ヘイロタイ」がいました。市民一人ひとりに割り当てられた土地で農作業に従事し、収穫の一部を地主である市民に貢納するヘイロタイの存在があったからこそ、市民は日々軍事に専念できたわけです。

アテネの場合、市民は五割強、奴隷が三割強、残りは国際都市アテネに出稼ぎに来ていた在住外国人（メトイコイ）でした。しかし、スパルタには市民人口をはるかに上回る隷属民が暮らしていました。つまり、ひとたび彼らが反乱を起こせば、国家転覆の危険もありうるのです。リュクルゴス体制とアゴーゲーによって市民の結束を強化し、彼らを優れた軍人として教育・育成することは、反乱を抑止する策でもあったのです。

道を誤らせるアジテーターの登場

アテネとスパルタ――この両雄がギリシア世界の覇権を争ったペロポネソス戦争は、なかなか決着がつきませんでした。

スパルタ率いるペロポネソス同盟軍の攻勢に対し、ペリクレスは城壁で守られた中心市にアテネ市民を集める籠城作戦を採ります。しかし、大勢の市民が避難してきた市中は過密状態となり、疫病が一気に蔓延し、多くの死者を出すことになりました。

史料によると、この疫病によってアテネの住民三〇万人のうち、実に一〇万人が死亡しています。ペリクレス自身も、開戦からほどなく病に倒れ、結局は命を落とすことになりました。

民主政を指導してきたペリクレスの死後、アテネのポリス運営は徐々に狂い始めます。数多の政治家がてんでに政策を叫び、民衆を説得しようとしはじめたのです。和平を説くニキアスのような穏健派もいましたが、徹底抗戦を主張して民衆を扇動するクレオンのような者も出現し、一向にまとまりません。それでもペロポネソス戦争の前半戦は、何とかアテネ有利に戦いを進めることができていました。

ところが後半戦、アテネのシチリア遠征を機に形勢が逆転します。このとき遠征を提案したのは、名門貴族の出身で、大変な美貌の持ち主だったとされる青年アルキビアデスでした。これが典型的なポピュリストでした。

シチリア島は豊かな穀倉地帯で、スパルタとの関係が密接な土地です。シチリアを掌中にすれば、スパルタの勢力をそぐだけでなく、アテネの穀物調達にも大きな利があるのは間違いありません。国力を過信するアテネ市民は、アルキビアデスの勇ましい弁舌に鼓舞され、民会で遠征を承認します。いつの時代も、民衆の喜びそうな話をする人に注目と支持が集まってしまうものです。

前四一五年、アテネは大艦隊を組んで、意気揚々とシチリアのシラクーサに侵攻。しかし、大半のポリスが一致団結してアテネ軍に対抗し、また、島の地理に疎《うと》かったこともあってアテネ軍は攻めあぐね、大艦隊を長期に渡ってシチリア沿岸に留めおくことを余儀なくされました。

狭い艦船に閉じ込められた兵士たちの間で病気が広がります。結局アテネは何の成果もあげられなかったどころか、多くの兵士を失って惨敗を喫することになりました。

このシチリア遠征失敗が仇《あだ》となり、以後、アテネはずるずると負けを重ねていきます。さらに、食料輸入の要となっていたペイライエウス港をペロポネソス同盟軍に封じられ、餓死者が続出する事態に陥ってしまいました。前四〇四年の春、アテネはついに降伏し、代わってスパルタがギリシア世界の覇者となるべく対外積極策を打ち出していくようになります。

民主政の成否は、国家規模に依存する

さて、独裁に対抗するべく成立した民主政ですが、古代ギリシアの民主政は成人男子市民が全員参加して行われる直接民主政でした。この市民人口が一万程度、せいぜい二〜三万ぐらいまでであれば何とかなりますが、それ以上になると混乱して収拾がつかなくなってしまいます。アテネの人口は最盛期で三〇万ほどでしたが、そのうち政治的な発言権を持つ成人男子市民は四万人程度だったとされます。

スパルタも、ホモイオイ（平等な人々）と呼ばれる市民が一万人規模ほどの時代は民主主義が徹底されていました。また、鎖国政策をとっていたこともプラスに働いたと考えられています。外から異分子が入ってくることも、自分たちが外に出て異分子と交わる機会

も限られていたので、独自の規律・価値観を堅持することができました。貧富の格差は多少ありつつも、市民の均質性が保たれていたのです。

しかし、ペロポネソス戦争で戦勝国筆頭となったスパルタは、ギリシア世界における覇権を狙って、かなり強引な対外政策を展開します。傘下のポリスやエーゲ海上の島々にスパルタ人を役人として送り込んだり、軍隊を駐留させたりしたのです。これはほかのポリスからの反発を招く結果となったばかりか、異文化との接触が増えたことで、スパルタ社会を支えてきた規律や市民の軍人気質も失われていきました。

前四世紀に入ると、テーベやフェライといったポリスが台頭して、スパルタと勢力を競いあうことになります。ギリシア世界には諸ポリスが乱立して、互いに国力を擦り減らしていく事態になります。そんな中、銀山採掘を再開したアテネが経済復興を果たし、再び存在感を増してくるなど、ギリシアはますます混迷を極めていきました。

この時代のポリスにおいて特徴的なのが「傭兵《ようへい》」の登場です。すでに述べた通り、ポリスにおいては市民が国防を担う戦士でした。しかし、この頃には戦士としての自覚や意識は薄れ、逆に、金さえもらえるなら他ポリスの兵士として働いてもいいという傭兵団が現れたのです。度重なる戦いで兵力を必要としていた各ポリスは、こぞって傭兵を雇いました。市民＝国防兵士の大原則が崩れ、ポリス社会は次第に弱体化していきました。

これに乗じて、触手を伸ばしてきたのが大国ペルシアです。かつてのペルシア戦争のように、自ら軍を送り込んで直接に介入したりはしません。相争うポリスの一方に資金提供したり使節を送ったりして、背後でギリシアの内輪揉めを操っていたのです。

そうしたペルシアの動きが目障りだったのが、ギリシア北方の王国マケドニアのフィリポス二世と、息子のアレクサンダー大王です。フィリポス二世は、手塩にかけて育て上げた強大な軍隊を率いてギリシアに攻め込み、その覇権を一気に奪取します。この時、アテネの大弁論家デモステネスは、マケドニアに対抗すべくアテネを中心にまとまろうと提案しますが、利害が複雑にからみあう諸ポリスは一枚岩となることができず、ギリシアはマケドニアの傘下に下ることになりました。

前三三八年、フィリポス二世は各ポリスの代表をコリントに集め、ヘラス同盟（コリントス同盟）を結成します。彼は同盟軍を率いてペルシア征討を企てますが、その準備中に暗殺されてしまいました。その遺志を継いで東方遠征を指揮したのが、紀元前三三六年、わずか二〇歳で王位を継いだアレクサンダー大王です。

優れたデマゴーゴスがいた時代

古代ギリシア四〇〇年の政治史を駆け足で見てきました。なぜアテネは独裁的な僭主を排除し、民主政を築くことができたのでしょうか。

無視できない背景として、ポリス社会ではリーダーと平民の距離が近く、平民が力をつけて存在感を増していったことが挙げられます。しかし、王や貴族といった一部の特権階級の人々ではなく、多数者である民が主役となって政治を行う仕組みを生み出すには、ソロンやクレイステネスのような「見識」のある指導者が必要です。さらに、その仕組みを機能させるには、ペリクレスのような「説得力」のある指導者が不可欠だということもお分かりいただけたと思います。

指導者の説得力は、民主政の肝といっても過言ではありません。裏を返していえば、指導者がただ民衆の要求を聞くだけの存在ならば、まともな民主政とはいえません。ソロンの改革後に台頭した僭主ペイシストラトスも、ペリクレス後のアテネに登場した扇動家たちも、民衆におもねり、多数者が喜びそうな政策を推し進めました。彼らは本気の正論を説いて、民衆を納得させたわけではありません。

根拠のない噂、ウソの情報、事実に反する扇動的な話という意味で使われる「デマ」

は、ギリシア語の「デマゴーゴス」を略したものです。デマゴーゴスという言葉の本来の意味は、デーモスを説得する人。つまり、民衆を指導する人です。これに従えば、ペリクレスは典型的なデマゴーゴスでしょう。詭弁を使いつつも海軍主義の必要性を民衆に説いたテミストクレスも優れたデマゴーゴスといえます。

ところが、社会が不安定になると、危険なデマゴーゴスがどこからともなく現れるのです。反ペリクレスの急先鋒だったクレオン、無茶なシチリア遠征を扇動したアルキビアデスは、まさにその典型ではないでしょうか。彼らのように、民衆に迎合したり、自分や権力にとって都合のいい話にもっていこうとしたりする輩が出現したことから、デマゴーゴスはアジテーター（扇動家）のような、ネガティヴな言葉として使われるようになりました。

民主政は「ましなポピュリズム」

「独裁政は悪、民主政は善」というステレオタイプに囚われていては、本質を見失ってしまいます。多数者が主役の民主政においては、扇動的デマゴーゴスの話に引っ張られてしまう危険を常に孕んでいます。それを排除できなかった制度的不備、不安定さがアテネの弱点だったといえるでしょう。リーダーに恵まれなければ民主政は機能せず、衆愚政治（オクロクラシー）に陥る危険があります。

同じことは独裁政にもいえます。独裁者がペイシストラトスのような賢明な人物であれば、社会の平穏はそれなりに保たれ、国家としても発展していきます。しかし、愚息《ぐそく》ヒッピアスのような人間が僭主になってしまうと、そこに待っているのは最悪の恐怖政治でしょう。民主政でも独裁政でも、結局はリーダーの資質が物をいうのです。

現在の世界を見渡しても、見識に欠け、ポピュリズムに走る指導者の顔がいくつも浮かびます。世界中に「デモクラシー」を輸出することが使命であると豪語する指導者もいますが、彼の足元にあるデモクラシーは、果たして正しく機能しているでしょうか。

私は、必ずしも民主政が最善理想の政体ではないと考えています。

私が考える民主主義の定義は、「ましなポピュリズム」です。所詮、民主政はポピュリズムにすぎません。民主政は基本的にはポピュリズム、つまり多数者である民衆による支配ですが、それがましな方向に向いていればまだいいでしょう。しかし、民衆の独善的意見や欲得に流されてしまうと、それは否定的な意味でのポピュリズム、大衆迎合主義になってしまいます。

民主政にせよ、独裁政にせよ、それをましなものにするのはリーダーが見識と説得力を備えていることです。もちろん、国民にも自覚と見識が求められます。フェイクニュースに振り回されたり、ラクな話や得する話に飛びついたり、聞こえのいい話になびいたりするようでは、危険なデマゴーゴスや独裁者をのさばらせることになるでしょう。

第4章　プラトンが求めた「独裁」

プラトンの憂鬱

古代ギリシアは哲学の生地といわれます。なかでも民主政アテネでは、多くの哲学者がアゴラと呼ばれる広場を舞台に議論を繰り広げていました。彼らは、自国の政治や政体について、どう考えていたのでしょうか。

プラトン（前四二七〜前三四七年）は、全一〇巻からなる大部の著作『国家』の中で、主人公であるソクラテスの口を借りて次のように語っています。

> 哲学者たちが国々において王となって統治するのでないかぎり（中略）あるいは、現在王と呼ばれ、権力者と呼ばれている人たちが、真実にかつじゅうぶんに哲学するのでないかぎり、すなわち、政治的権力と哲学的精神とが一体化されて、多くの人々

の素質が、現在のようにこの二つのどちらかの方向へ別々に進むのを強制的に禁止されるのでないかぎり、親愛なるグラウコンよ、国々にとって不幸のやむときはないし、また人類にとっても同様だとぼくは思う。

（プラトン『国家（上）』藤沢令夫訳、岩波文庫）

プラトンが提唱したのは、民主政ではなく、哲人王による「独裁」でした。見識と教養を兼ね備えた、優れた哲学者が王となって独裁政を敷かないかぎり、国にとっても、国民にとっても不幸の種がなくなることはないとまでいっています。

なぜプラトンは民主政に否定的だったのでしょうか。それは時代背景を見れば一目瞭然です。

プラトンはペロポネソス戦争のさなかに生まれました。アテネのリーダーがポピュリズムに走り、戦勝者スパルタによる傀儡《かいらい》政権（三〇人政権）が生まれ、これを内乱によって倒した民主派政権による混沌《こんとん》を体験した哲学者です。若い頃のプラトンは政治家を志していましたが、その現実に失望し、哲学を説く弁論家・教育者、いわゆるソフィストとして生きる道を選びます。

プラトンが民主政に幻滅する決定的なきっかけとなったのが、師ソクラテスの刑死でした。その顚末や詳細はプラトンが著した『ソクラテスの弁明』に譲りますが、ソクラテスを告発したのは時の扇動者であり、死刑の裁定を下したのは、扇動された民衆でした。

皮肉なことに、アテネ市民をシチリア遠征へと扇動した能弁家アルキビアデスは、ソクラテスに師事し、しかも異常なまでに心酔していました。ソクラテスは若きデマゴーグの資質をいち早く見抜き、その行く末を憂慮していたといわれます。

アリストテレスが求めた貴族政

プラトンが理想とした哲人王は、アテネではなくシチリアのシラクーサに現れました。ディオニュシオス二世です。プラトンは政治顧問となり、この独裁者の教育にあたりますが、結局最後はシラクーサを追放されてしまいました。

では、いったい誰ならばプラトンの理想を具現しえたのでしょうか。真っ先に思い浮かぶのは、僭主ペイシストラトスです。もし彼が一世紀あまり遅くこの世に生を受けていれば、そしてプラトンの下で国家論を学んでいれば、もしかするとプラトンの理想に近いかたちで哲人王による独裁政が築かれ、アテネの歴史を変えていたかもしれません。

また、プラトンの弟子筋にあたるアリストテレスも、民主政が最善理想の政体だとは考えていませんでした。彼が推奨したのは貴族政です。政治的権力は特定少数が握るべきで、それは貴族であるべきだとアリストテレスは指摘しています。

第二部で詳しく取り上げますが、共和政ローマ時代の元老院支配などは、彼が理想とした貴族政にかなり近いのではないかと思います。アッピア街道の建設が始まるのは、アリストテレス死去の一〇年後ですから、ギリシア人の彼がローマの政治についてどの程度の知識を持っていたかは不明ですが、もし知っていたら、これこそが自分の考える理想の国家だと瞠目《どうもく》したかもしれません。

ちなみに、ギリシアのポリス世界を瓦解させたのは、アリストテレスが三年に渡って家庭教師を務めたマケドニアのアレクサンダー大王と、その父フィリポス二世です。前三二三年に大王が急逝すると、アリストテレスの立場も危うくなり、亡命先で六二年の生涯を閉じることになってしまいました。

スパルタとローマの決定的な違い

扇動政治家によってポピュリズムに陥り、混乱のうちに弱体化していくアテネを見ていたプラトンやアリストテレスは、民主政には懐疑的でした。彼らが理想の指導者として挙げた哲人王や特定の少数貴族は、いわばエリートです。エリートを中心とした指導体制の必要性を指摘していたといってもいいでしょう。

民主政アテネの最盛期を指導したペリクレスは、名門の政治家一族に生まれたエリートでした。しかし、彼を失ったアテネは、またたく間にポピュリズムに染まり、凋落していきます。

アテネに代わってギリシア世界の覇権を握るかと思われたスパルタの民主政にも、傑出した人物が出にくいという弱点がありました。アゴーゲーとよばれるスパルタ式の教育と生活様式は、市民を均質化し、平等を徹底することでポリス内の結束力を高めるために編み出されたものです。これは、エリートが生まれる余地を排除するシステムだったともいえます。

この仕組みは、小さな国で閉鎖的にやっているかぎりはうまくいきました。しかし、ペロポネソス戦争に勝ち、ほかの地域にまでにらみを利かせるために派兵しなければならなくなると、鎖国体制が崩れていきます。すると、鎖国体制だからこそうまくいっていたスパルタ市民団の結束がだんだん弱まってくる。結局、アテネには勝ったけれども、自分の弱点に負けてしまうかたちになりました。

戦士や重装歩兵が民主政を担うという点では、スパルタとローマは共通するところがあります。では、ローマがあれだけの世界帝国になったのに、スパルタがそうならなかった一番の違いは、どこにあるのでしょうか。

ローマの場合、元老院貴族と平民との違いもあり、「平等」はそれほど強調されませんでした。また、ほかのポリスやほかの地域を支配する場合も、それらを一律して同じようには扱っていません。それぞれの特質に合わせて条約を結び、それぞれの特徴を認めました。臨機応変にやっていくところがローマの特徴です。一方、スパルタは、内部の市民団は結束していても、新しく地域を併合すると、自分たちの弱点が次々と出てきてしまう。

そこが、ローマとの決定的な違いです。

また、のちに詳述しますが、ローマは「権威（アウクトリタス）」を重んじました。もちろん最初は武力で征服しますが、その後は「権威」をもってやれというのが、ローマ人の一貫した姿勢です。優れた人間、あるいは優れた指導者だということを、どこかで相手に見せて分からせるのが、ローマ人のやり方でした。それと比べるとスパルタ人は、軍事的な集団としては優れていたとしても、一人ひとりの人間として、どの程度のものだったかという点は疑問です。

ローマにやってきたギリシア人が、「ローマの元老院貴族は一人ひとりが王様のようだ」という感想を残しています。やはり、ローマ人のリーダーたちには「権威」があったのでしょう。そこが、スパルタには欠けていたのではないでしょうか。

エリート教育は必要か

「エリート」や「エリート教育」という言葉は、日本ではネガティヴなニュアンスを含んで使われますが、欧米の国々は一部の才能ある人々に特別な教育を施すことを躊躇《ちゅうちょ》しません。なかでも「ノブレス・オブリージュ」という言葉がいまだに息づくイギリスは、エリートを尊重する意識が強く、また、エリートとされる人々にも公的な義務・責任を果たすという意識を強く感じます。

もちろん、そうしたエリート以外から優れたリーダーが出てくることもありますが、ヨーロッパには傑出したエリートに国家運営の要となることを期待する風潮があります。これは、古代ローマ時代以来の伝統の中で培《つちか》われてきたものではないかと思います。

エリートとは、単に学歴が高い人ではありません。特権階級にある立場として、責任を持って職務をまっとうできる人です。エリート教育で何より重要なのは、「責任を自覚し、責任を果たす」という意識の形成にほかなりません。もちろんそれは、一義的には文化や気風の中で培われるものですが、教育によっても醸成できます。

「自らの職務と責任から逃げない」というエリート意識が失われると、民主政は成りたちません。民主主義というと「みんな平等」「みんな同じ」「優劣をつけない」という方向に行きがちですが、エリートを育て、その資質を見極め、必要なところには適材適所でエリート教育を受けた人を配すことも必要だと思います。

ところで、ギリシア中部のデルフォイにあるアポロン神殿をご存じでしょうか。この神殿の入り口には、様々な神託（巫女《みこ》の口を借りて伝えられる神の言葉）が刻まれていました。最も有名なのが「汝《なんじ》自身を知れ」、そして「分を越えるなかれ（メーデン・アガン）」というものです。何事もほどほどがよい、中庸を旨とせよ、といっているのです。

これは、国家運営の要諦を語っているように思います。政治も極端過激に走らないことが重要で、それができるかどうかは指導者の見識にかかっています。

市民の均質化と平等を徹底したスパルタは、結局、帝国化の夢を果たせませんでした。直接民主政と、抽選による国政参加の平等を極端に推し進めたアテネでは、厳密な意味での民主政は五〇年ほどしか続きませんでした。

一方、イタリア半島に起こった共和政ローマは世界帝国化を果たし、五〇〇年に渡ってその命脈をつなぐことに成功しています。この差は一体どこからくるのでしょうか。そもそも共和政とはどのような政体なのでしょうか。詳しくは、第二部で掘り下げていきたいと思います。

第二部 独裁は防げるのか？——古代ローマに学ぶ

第二部関連年表

前七五三	ロムルスによりローマが建国される
前五三五	ルキウス・タルクィニウスが王位に就き、暴政が始まる
前五〇九	タルクィニウス一族が追放される（王政から共和政へと移行）
前四九四	護民官が創設される
前四五〇頃	一二表法が制定される
前二七二	ローマがイタリア半島を統一する
前二六四	第一次ポエニ戦争（第二次、第三次を経て前一四六に終結）
前一六八	ローマ軍がマケドニアを破る。マケドニア王国が滅亡
前一四六	ローマがカルタゴを破り、地中海世界の覇権を握る
前一三三	グラックス兄弟の改革が始まる
前八二	スッラが独裁官に就く
前七三	スパルタクスの反乱
前五九	第一次三頭政治が始まる（クラッスス、ポンペイウス、カエサル）
前四四	カエサルが終身独裁官に就くも、翌月に殺害される

前四三	第二次三頭政治が始まる（オクタウィアヌス、アントニウス、レピドゥス）
前二七	オクタウィアヌスが元老院からアウグストゥスの名を贈られ、事実上の皇帝となる
三七	カリグラが帝位に就き、暴政が始まる（四一、暗殺）
五四	ネロが帝位に就き、次第に暴政が常態化する（六八、自害）
九六	五賢帝時代が始まる（～一八〇）
二三五	マクシミヌスが帝位に就き、軍人皇帝時代が始まる
二八四	ディオクレティアヌスが帝位に就き、専制君主制（ドミナトゥス）が始まる
三九五	東西ローマ分裂
四七六	西ローマ帝国滅亡

第二部関連地図

ピサエ
センティヌム
アドリア海
コルシカ島
ローマ
ウェイイ
カンナエ
ナポリ
タレントゥム
サルデーニャ島
ティレニア海
メッサーナ
シチリア島
カルタゴ
シラクーサ
地中海

第5章　独裁を許さないローマの知恵

「ローマ史には人類の経験のすべてが詰まっている」

前八世紀、ギリシアに都市国家（ポリス）が誕生したのと同じ頃、イタリア半島にも小さなポリスが建国されました。それが第二部の舞台、ローマです。

当時、地中海世界に存在していたポリスの中には、ローマより文化レベルが高い国や技術的に進んでいた国、領土や人口の規模でローマを圧倒していた国もあります。誤解を恐れずにいえば、ローマは後進国だったのです。並みいる先進強国を飲み込んで巨大帝国を築き上げることになるとは、おそらく誰も想像していなかったでしょう。

ローマが地中海世界の覇権を握り、帝国化を果たしたのは紀元前二世紀頃のことです。その後も周囲の国々を侵略・吸収しながら版図《はんと》を拡大し、紀元後二世紀頃には現在のイギリスからフランス、スペイン、北アフリカ、東はトルコ、アルメニアまで掌中に収めます。

最大版図に達した当時のローマは、地球上の人口のおよそ三分の一が領土内に暮らしていたといわれるほど、とてつもない規模の帝国でした。その豊かさも破格で、この頃のローマの自由市民の所得は、なんと一八世紀までの人類史の中で最も高かったとさえいわれます。

規模や豊かさのみならず、特筆すべきはこの国の命脈の長さです。前八世紀の建国から数えると、五世紀に西ローマ帝国が滅亡するまで、実に一二〇〇年以上の歴史を刻んでいます。ギリシア世界を脅かしたペルシア帝国や、のちのイスラム帝国、東ローマ帝国を滅ぼしたオスマン帝国、大英帝国やロシア帝国など、世界史を彩る数多の帝国と比べても、ローマは群を抜く長寿国家でした。

もちろん、その間の歩みは紆余《うよ》曲折《きょくせつ》の連続で、数々のドラマが転がっています。政治思想史の碩学《せきがく》、丸山眞男が指摘しているように、「ローマ史には人類の経験のすべてが詰まっている」といっても過言ではありません。

古代ローマにおける独裁

ローマ史は、本書の眼目である「独裁」の本質に迫る上でも貴重な手がかりをたくさん遺してくれています。そもそも建国当初は二五〇年に渡って独裁政が続き、とくにその終盤は「スペルブス（傲慢《ごうまん》な）」と渾名《あだな》された王と、その一族の横暴に苦しめられた歴史を持っています。

傲慢王の圧政に不満を爆発させたローマ人は、徹底的に独裁を排除し、単独の「王（レックス）」を置かない独自の政体へと舵を切ります。それが「共和政」です。

古代ローマ人は、みずからの国家を「レス・パブリカ（Res Publica）」と呼びました。これが現在のリパブリック（共和国）、リパブリカン（共和党、共和派）という言葉の語源となっていますが、もともとは「公」を意味するラテン語です。公の問題を考え、公を導くのは、ある程度の見識を備えた人間でなければならないとローマ人は考えていました。ここが、第一部で見てきたギリシアとの大きな違いです。

ギリシア最大のポリスであるアテネは、僭主による独裁から「民主政」へと移行しました。独裁を排し、国民主権を標榜したという意味では、ローマと方向性は同じです。しかし、アテネ市民が全員平等・全員参加の直接民主政を選んだのに対し、ローマの市民は、民会のような場を設けつつも、見識のある人々の意見を尊重し、委ねるべきところは彼らに委ねる道を選んだのです。

第一部で見たように、デモクラシー（民主政）の語源となったギリシア語の「デーモス」が意味するところは「民衆」、あるいは民衆が暮らす「村落」です。これに対して、リパブリックの語源となったラテン語「レス・パブリカ」が「公」を意味し、ローマにおいては国家そのものを表す言葉でした。これは、両者が独裁から脱する方策として選んだ政体の違いや、彼らが何に重きを置いていたかを理解する上で重要なポイントです。

アテネの民主政が長く見積もっても一〇〇年ほどしか続かなかったのに対し、ローマの共和政は五〇〇年続きました。その後、カエサルの登場を機に「帝政」へと転じますが、悪帝や愚帝による独裁を潜り抜けた点も見落としてはなりません。五代に渡る賢帝の治世下では、「パックス・ロマーナ」と称される絶頂期を迎えます。帝国が最大版図を誇ったのはこの時代のことです。

古代から現代に至る世界の歴史を俯瞰《ふかん》すると、フランス革命以前は、常に独裁と隣り合わせだったことが分かります。隣り合わせというより、ほぼ独裁の歴史だったといってもいいでしょう。そんな世界にあって、とことん独裁を嫌い、強靭《きょうじん》な意志で独裁化を阻止しようとしたのが古代ローマ人の国家、とりわけ共和政時代の五〇〇年です。

なぜ、共和政ローマは五〇〇年も続いたのでしょうか。独裁を許さないという同じ志を持ちながら、ごく短命に終わったアテネの民主政との決定的な違いは何でしょうか。ローマは、どこからともなく現れくる独裁者とどのように対峙《たいじ》したのか――それが第二部のメインテーマです。

美しき建国神話から独裁時代へ

ローマの建国記念日は四月二一日です。今から三〇〇〇年近くも前、紀元前七五三年のこの日、伝説の王ロムルスが自分の名にちなんで国名を「ローマ」と定め、盛大に建国記念式典を催したといわれます。

なぜ「伝説の王」なのか。連綿と語り継がれてきたローマ誕生のドラマは神話で、ロムルスが実在したかどうかも怪しいからです。

神話によれば、ロムルスの母レア・シルヴィアは美と豊穣の女神ヴィーナスの末裔《まつえい》であり、父はレアの美貌に魅せられた軍神マルス。つまり、ローマの建国王は両親から神の血を受け継いだ、やんごとなきお方だったというわけです。また、ロムルスには双子の弟がいましたが、二人はレアの叔父から命を狙われていました。ロムルス兄弟が近郊にある国アルバロンガの王位継承権を持っていたからです。

まだ乳《ち》飲《の》み子《ご》だった二人を哀れに思った兵士は、命を奪うことはせず籠に入れて川に流します。それを川の精霊が拾ってオオカミに預け、オオカミの乳を飲んで命をつないだ二人を、牧夫が見つけて育てました。やがて自分たちの出自を知った兄弟は、力を合わせて大叔父を斃《たお》したといいます。

アルバロンガの王位継承権を持つロムルス兄弟ですが、彼らは母国に残ることはせず、別の場所に自分たちの国を興します。それがローマでした。しかし二人は建国場所を巡って対立し、ロムルスは弟を殺して新たな国の初代王となった――これがローマ建国神話のあらましです。

初代ロムルス王の治世は三七年にも及びました。以後、ロムルスから七代約二五〇年に渡って王政が続いています。興味深いことに、王位は世襲ではなく、ローマ人ですらなかった時期が長いのです。二代目はローマ近郊の国のサビニ人、三代目はローマ人、四代目はサビニ人、五代目以降はエトルリア人の王が三代続きました。

エトルリアはローマの北にあった国で、現在トスカーナ地方と呼ばれている、イタリアの中でも最も気候風土に恵まれた地域です。エトルリア人は、ローマ人より先にイタリア半島に住み着き、先進的な技術や文化を持っていました。新興の弱小後進国であるローマがエトルリア人を王として迎えたのは、彼らがもたらす技術に期待してのことだったのでしょう。期待通り、五代目・六代目の王はローマのインフラ整備に手腕を発揮し、貧しい人々の暮らしにも心を配り、なかなか人望もあったようです。

問題となったのは、七代目の王ルキウス・タルクィニウスでした。彼は前王を殺して王位を奪った悪漢で、大規模な下水道工事にローマの民衆を動員して酷使し、大変な不人気となります。目に余る横暴、常軌を逸した圧政への不満が充溢《じゅういつ》する中、息子が起こした卑劣な強姦事件をきっかけとして、ついにローマ人は王に反旗を翻します。

前五〇九年、ローマの元老院はタルクィニウス一族の追放を決議。速やかにこれを遂行して、独裁政にピリオドを打ちました。ローマ人の中から優れた人物を選んで王座に据える、という選択肢もあったはずです。しかし彼らはそんなことは一顧だにせず、共和政へと突き進んでいきました。

独裁の徹底排除

最低最悪の独裁政を経験したローマ人は、「王」という名の独裁者による専制政治を断固として排除します。そのために作り上げたのが、「民会（コミティア）」「元老院」「政務官（マギストラトゥス）」が三つ巴《どもえ》となって国を動かしていく仕組み。これが共和政ローマの始まりです。

共和政ローマで軍事・行政を担ったのは政務官、彼らを選ぶのは民会の市民たちです。政務官の任期は一年限りで、同じ人が連続して就任することも禁止されました。

政務官の最高位が「執政官（コンスル）」です。コンスルは、いわば王に代わる国の指導者であり、有事には軍の最高司令官を兼任しました。ただし、コンスルは一人ではなく、常に二人を選任し、こちらも任期は一年限り。二人置くことで互いに牽制させ、なおかつ強い権限を持つ期間を短く設定することで独裁化を防いだわけです。ちなみに、ローマ市民が選んだ最初のコンスルは、傲慢王タルクィニウスの愚息に妻を強姦されたコラティヌスと、彼の友人で王一族追放の立役者となったブルトゥスでした。

コンスルは独裁者に匹敵するような権限を持っていました。少数の人間が大きな権限を持つという意味では、ローマの共和政は独裁的な要素を含んでいたといえます。

その暴走を抑止し、国家の大事を中心となって議論したのが、貴族の集まりである元老院です。元老院の歴史は古く、創設は初代国王ロムルスの治世まで遡るといわれます。王の諮問機関として設置された当初の元老院は、共和政下で三〇〇人規模に増員され、時代を経るにつれ、その数はさらに増えていきました。

元老院議員の任期は終身です。本来の役割は政務官や民会への助言ですが、コンスルをはじめとする政務官は任期が短いため、実質的な実権は元老院が握っていたと考えていいでしょう。

かたや古代ローマの民会は、政務官を選ぶこと以外に、とりたてて大きな権限は与えられていませんでした。しかし、民衆の強い要求によって民会にも元老院に準じる立法権が認められ、さらには民会の権利を守る「護民官」という役職も創設されました。これにより、コンスルや元老院貴族が平民に不利な決まりを作ろうとした際には、対抗措置として民会が二人から最大一〇人の護民官を選任し、自らの利害を守ることができるようになりました。

護民官の任期も一年です。元老院貴族と対立して命を狙われる危険もあるため、護民官には「身体不可侵」の特権が与えられていました。これは、護民官に危害を加えるどころか、その身体に触れることさえ禁止するという厳しいルールです。短い任期ながら、護民官に大きな権限を与えることで民衆を保護したわけです。

以上が共和政ローマの仕組みです。独裁的な構造を内包する一方で、民会にもそれなりの権利・権限を与える民主的な要素も取り入れ、国を運営していたことが分かります。つまりローマは、民衆・貴族・コンスルが三つ巴で並び立つ仕組みを作り上げることで、独裁に傾く危険性を排除していたのです。

身分差を超えた「自由人」意識

当時の地中海世界のポリスは、ほとんどが僭主による独裁政でした。王政から貴族政に移行しても、貴族同士の派閥争いに乗じて独裁者が現れ、その支配を強めていく。第一部のギリシア史で確認したように、そこから脱することは容易ではありませんでした。

しかしローマは、二度と再び独裁に戻ることがないよう、共和政という複雑な仕組みを作り上げました。独裁者タルクィニウスの圧政に苦しんだとはいえ、なぜローマ市民はそこまで独裁を嫌ったのでしょうか。

最大の理由は、ローマ人が「自分たちは自由人である」という強い意識を持っていたからだと思います。一人の人間に支配されるということは、すなわち命の次に大事な自由を侵されるということ。ローマ人はそのように考えていたのだと思います。

現代とは異なり、古代社会は基本的にピラミッド構造の世界です。王を頂点とする貴族層があり、その下に多数の平民がいて、最下層に奴隷がいる。こうしたヒエラルキーはローマにもありました。

それを象徴しているのが「ＳＰＱＲ」です。現在も、タクシーのドアからマンホールの蓋まで、ローマの街のあちこちでこの文字を目にします。

「ＳＰＱＲ」とは、Senatus Populusque Romanus（セナトゥス・ポピュルスクェ・ロマーヌス）の略号で、直訳すると、「ローマの元老院と民衆」。つまりこれは、ローマの主権者は元老院の貴族（パトリキ）と民衆（プレブス）という二つの身分であることを表しているのです。この意識は、のちに帝政に移行した際にも変わらず、そこに皇帝（インペラトル）をさす「Ｉ」の文字が入ることはありませんでした。

興味深いのは、自由人であるという強い意識を持ちつつ、厳然たる身分の区別を彼らが容認していたことです。しかも、渋々これを容認していたのではなく、誇りを持って受け止めていた。現代的な感覚では、にわかには腑に落ちないことです。

ですから平民（民衆）は、主権者ではあるものの、元老院とははっきり区別されています。ＳＰＱＲでも、平民より先に元老院が挙がっています。ローマ市民は基本的にみな平等ですが、リーダーシップを握っているのは元老院なのです。元老院貴族は、資産や家柄に恵まれているだけでなく、一定の見識を持つ人々であり、その点において平民とは明らかに異なる人々の集まりである——ローマ人はそのように考えていたわけです。

平民たちの権利闘争

そもそも、建国当初のローマには身分の差はほとんどなかったといわれます。ロムルスが興した新たな国に暮らしていたのは、周辺諸国から亡命してきた人、悪事を働いて故郷にいられなくなった人、主人のもとから逃げてきた奴隷など、多くはワケあってローマに流れ着いた人たちでした。

彼らは農耕によって生計を立て、やがて一握りの人々が、広大な耕地や牧草地を持つ地主農民となっていきました。伝説によると、そうした有力者の中でも建国者ロムルスを助けて国家運営の一端を担った「一〇〇人の家長」たちの後裔が、のちに貴族（あるいは氏族）と称されるようになったといいます。

国のために私財を投じて戦い、国家の安定に尽力した尊敬すべき人々という意味で、ローマの民衆は貴族層に敬意を払っていたのでしょう。そうした英雄を称えつつも、自分たちの自由を侵す独裁者だけは絶対に許さない——これがローマ人の自由意識なのだと思います。

同じ自由人とはいえ、共和政がスタートした当初、貴族と平民の婚姻はご法度でした。選挙における投票数の割り当ても、貴族と平民とでは大きな差がありました。平民は数で貴族を圧倒していても、一票の格差が大きく、議決を左右するような力を持っていなかったのです。

しかし、そこは自由意識の高いローマの平民です。ただ黙っていたわけではなく、不満があれば元老院貴族にも公然と意見し、事態打開のためには実力行使も辞さない構えでした。聖なる山と呼ばれたローマ近郊のモンテ・サクロに立てこもり、今日的にいえばストライキを起こし、貴族に妥協を迫ったのです。

平民がストライキを起こして、働くことも軍務に就くことも放棄すればどうなるか。日常生活に支障をきたすのはもちろん、そんなことが周辺諸国に知られでもしたら、攻め込まれる可能性もあります。兵士がストライキ中に大軍で攻め込まれれば、ローマはひとたまりもない。貴族にとって平民のストライキは大変厄介《やっかい》な問題だったのです。

平民による権利闘争は、二〇〇年近くに渡って何度となく繰り返されたといいます。共和政が始まって、ほどなく護民官が創設されたのも、こうした闘争の成果の一つとみることができます。その後、ローマ法の基本となる「一二表法」の制定により、法の前では貴族も平民も平等であることが成文化され、貴族と平民の通婚も認められました。

こうして、ローマは個人の自由を尊重する法治国家へと成長していったのです。

「個」のギリシア、「公」のローマ

このあたりで一度、ギリシアとローマを比較してみましょう。

ローマにとって、ギリシアはあらゆる面で先進国でした。しかし、こと民主的な政治への移行に関しては、わずかながらローマが先行しています。傲慢王タルクィニウスの一族を追放してローマに共和政が樹立されたのは、前五〇九年のことです。アテネが僭主ヒッピアスを追放し、クレイステネスの大改革を経て民主政を樹立したのは、その一年後のことでした。

文化的には明らかに後進国であるローマが、先進国とほぼ同時に独裁政から脱却したことは特筆すべきことだと思います。ただし、ローマが共和政を選んだのに対し、アテネは直接民主政を選択したのが大きな違いです。

しかもアテネが目指したのは、かなり高度な民主政治でした。民主政下のアテネでは、市民権を持つ者であれば、財産の多寡や門地に関係なく、誰でも国政の場に直接参加することができました。当初こそ要職に就けるのは貴族や富裕層に限られていましたが、それも徐々に改善され、前五世紀の半ば頃には、ほぼすべての公職者が全員参加の選挙によって選ばれるようになりました。

民主政アテネの最高議決機関は、市民の総会である民会です。国事に関わる様々な案件が、ここで多数決によって決められていました。とはいえ、すべての議決に全市民が参加するというのは非現実的ですから、市民から抽選で選ばれた五〇〇人による「評議会」が設けられ、重要課題以外はここで決議されていました。評議員の任期は一年と短く、就任できるのは一生のうち二回だけと決められていました（重任は厳禁）。さらに、独裁化の芽を摘む仕組みとして「陶片追放」を導入したことは、第2章で述べた通りです。

いうなれば、独裁を防ぐ仕組みを確立しようとした際、アテネ市民は「個」を重視したのです。ローマ人が「公」を重視したのとは大きな違いがあります。

なぜこのような違いが生まれたのでしょうか。今日の研究によれば、ポリスが形成された時の集団構造の違いが指摘されています。

ローマもアテネも、もともとは「部族」集団です。ギリシアの部族集団は、リーダー的な存在がいるものの、それ以外のメンバーとの間に大きな身分差がなく、共生的な「村落社会」を形成していました。これに対しローマの部族集団は、有力な富裕層が貴族のような「氏族社会」を形成し、それぞれの氏族が、彼らに依存する民衆を抱えていました。

簡単にいえば、ギリシアの民衆が「○○村の私」という意識でいたのに対し、ローマの人々は「○○家とつながりを持つ私」というかたちでアイデンティティを形成していたのです。それがSPQR——ローマの元老院と民衆という意識につながっているのだと理解すべきでしょう。

第6章　共和政ローマの独裁官

ローマが帝国化できた理由

共和政ローマは拡大を続け、やがて大帝国へと成長していきます。ギリシアのポリスは小さなポリス内で完結し、アテネもスパルタもギリシア世界の覇者となることはできなかったことを考えると、これは特筆すべきことです。

数あるポリスの中で、なぜ後進国だったローマだけが帝国となりえたのでしょうか。数ある歴史家がこの問いに向き合ってきましたが、独自の説を唱えた最初の歴史家がポリュビオスです。

ポリュビオスはギリシアのメガロポリス出身の貴族ですが、戦争で人質となってローマに渡り、二〇年近くをローマで過ごしています。人質といっても、彼のような貴族層の学識者や技術者は、奴隷として強制連行されたわけではなく、ローマ人がギリシアの先進文化を学ぶために自国に留め置いた人々です。彼らはローマの有力貴族の庇護《ひご》を受け、ローマから出られないという以外は、日々自由に活動していました。

ローマの政治をつぶさに観察し、その内情に詳しくなったポリュビオスは、ギリシアとローマの政体を比較分析し、全四〇巻におよぶ著作『歴史』を著しました。その中でポリュビオスが展開したのが「政体循環論」と「混合政体論」です。

ギリシア（ここではアテネに限定しての話ですが）は、最初は王による独裁政でした。その後、ギリシアは貴族政に移行しますが、貴族同士の派閥争い（スタシス）で混乱をきたし、それを収拾するかたちで僭主が出現。暴君と化した二代目僭主による独裁政を排して、とうとう民主政を実現します。しかし、それもつかの間、民意におもねるポピュリズムから混乱が常態化し、強国の侵攻を許すこととなって、再び独裁に戻ってしまいました。その様子は第一部で見た通りです。

このように、ギリシアでは独裁政、貴族政、民主政がぐるぐると循環して、長く定まることがありませんでした。これが「政体循環論」です。政体が安定しなかったのは、常にどれかに偏りすぎていたからだとポリュビオスは指摘します。つまり、極端に偏りすぎるから、その反動で別の極端（政体）へと走ってしまうというわけです。そうした国内の政権争いでエネルギーを消耗してしまい、持てる力を外に向かって発揮することができなかった。だから、ギリシアは覇権を拡大することができなかったというわけです。

対するローマは、国内が比較的安定していたため、強力に領土拡大を推し進めることができたとポリュビオスは結論しています。もちろん、身分闘争や貴族間の対立といった内輪揉めはローマにもありましたが、ギリシアのように政体をドラスティックに変えてしまうような対立構造には発展しませんでした。

では、なぜローマでは内輪揉めがスタシスに発展しなかったのでしょうか。簡単にいうと、ギリシアでは循環していた三つの政体が、ローマの共和政には内的に組みこまれていたからです。

前章で述べたように、二人のコンスル（執政官）は独裁政の、元老院は貴族政の、民会は民主政の特質を備えた機構です。ギリシアが政体循環型の国家だとすれば、ローマは「混合政体」型の国家といえるでしょう。元老院が強かったとはいえ、三つの異なる政体が一国の政治機構の中で絶妙なバランスを保っていたことが、ローマの強さを支えていたとポリュビオスは分析したのです。

「国」に対する執着心

これに加え、ローマが帝国化できた理由として、私が注目しているのは「国」に対するローマ人の執着心です。古代世界においては稀有《けう》な、祖国への強い帰属意識と言い換えてもいいでしょう。

羊飼いの子孫であるギリシア人は、必要とあらば土地を捨てて新天地を目指す遊牧的な人々です。対するローマ人は農耕の民で、自分たちの土地に並々ならぬ執着心を持っており、必要に迫られた場合には地続きに領土を拡大していく道を選びました。ローマ人はひたすら国を強くすることを考え、祖国を守り拡げる戦いで功労のあった人には最大級の賛辞を贈ったのです。

注目すべきは、そうした意識が平民にも深く浸透していたことです。

第一部でみた通り、武具・武装を自弁できないアテネの下層民は、戦争の最前線に立つこともなく、ゆえに国防や国政への関心も希薄でした。その意識が変わるのは第二次ペルシア戦争を待たねばなりませんでしたが、ローマでは平民も国家のために戦い、祖国を守らなければならないという強い意識を持っていたのです。当時、そんな国はローマ以外になかったと思います。

なぜローマ人は「公」に価値を置くようになったのでしょうか。その根源にあるのは、貴族層においては「父祖の遺風（モス・マヨールム）」ではないでしょうか。

ローマ貴族は家に祖先の彫像を飾り、事あるごとに父祖の武勇や名誉ある働きを子どもたちに語って聞かせていました。娯楽の少ない当時の子どもたちにとって、自分に直結する壮大な歴史物語は、心躍るエンターテインメントだったでしょう。幼い頃から繰り返し父祖の物語を聞いて育った彼らは、そこから貴族としての行動規範を学び、自分を律する術を学んだと想像されます。

また、ローマ貴族の家庭では教育全般に力を入れていました。子どもの教育を人任せにするのは恥ずべきことであり、貴族たるに相応しい見識を身につけさせるため、親が自ら子どもを教育すべきという意識があったのです。名誉を重んじる姿勢と幅広い見識を身につけたローマの貴族は、他国の人々にも一目置かれていました。

対するアテネでは、五〇〇人評議会の評議員を抽選で選んでいました。クジ引きであれば、誰もが平等に国政に参画できますし、特定の勢力が金で票を買うような事態も防げます。しかし、たまたま抽選に当たった人が、国家の大事を議論するに相応しい資質と見識を備えているかどうかは分かりません。アテネの民主政が短命に終わった一因は、ここにあると私は考えています。

ローマの元老院貴族が、厳然たる存在感とオーラを放っていたのは、彼らが見識と威風を兼ね備えていたからでしょう。政治は「権力」ではなく「権威」をもって行うものだというのがローマ人の考え方です。毅然とした態度、言動を含めた意味での「権威」の重要性を、ローマ人は常々強く主張しています。

のちに共和政から帝政に移行した際にも、初代皇帝アウグストゥスは、「私は権力においてはほかの政務官と変わらない。ただ権威においてはほかの人よりもまさる」と演説しています。皇帝という唯一無二の指導者となっても、民衆を権力で支配するのではなく、権威をもって率いていく――このような言葉は、独裁を嫌うローマ人に深く響いたのではないでしょうか。

ローマ市民の信仰心

ローマでは、平民や下層民にも「公」を重んじ、祖国のために尽くすという意識が根付いていました。その礎になっていたのは信仰心です。

「ローマは宗教によって他の国にまさるのではないだろうか。（中略）いずれの宗教行事も壮麗に執り行われ、公人としても私人としても、市民の生活をはっきり規制している」そう記しているのは、先述の歴史家ポリュビオスです。自分たちギリシア人に比べて、ローマの民の信仰心の強さ、神々を敬う敬虔《けいけん》な態度に彼は驚いたのでしょう。

ローマ人自身も、その特性に気づいていたようで、前一世紀の政治家で哲学者のキケロは、その自負を次のように語っています。

「ローマは住民の数ではヒスパニア人（今のスペイン、ポルトガルの人々）に劣り、活力ではガリア人、多才さではカルタゴ人、学芸ではギリシア人に及ばない。しかしながら神々への敬虔さと慎みにおいては、いかなる人々にも引けを取らない」

ローマ人にとって、神は天災をもたらす精霊であり、畏怖《いふ》すべき存在でした。彼らが神々に祈り、願ったのは幸運や豊作ではなく「つつがない日常」です。現代の感覚からすると控えめな願いかもしれませんが、農耕民族であるローマ人にとっては真に切実な祈りでした。

ひでり、疫病、地震、噴火――こうした災いは神の怒りであり、だからこそ敬虔に、ひたすら謙虚に、神々の心が鎮まることを祈ったのです。天災さえ起こらなければ、あとは自分たちが力を尽くせば何とかなる。そのためにも、私という「個」を超えて、神々が統べる祖国（公）のために尽くし、神々の怒りを鎮めるのだという深い信心が、ローマという国を下支えすることになったのです。

「親分・子分」の信頼関係

ローマの歴史と政体の本質を理解する上で、もう一つ重要なのが「パトロヌス」と「クリエンテス」の人間関係です。

パトロヌスは庇護者、クリエンテスは被庇護者を意味するラテン語です。日本的にいえば、親分・子分の関係ということになります。お察しの通り、親分は裕福な貴族（パトリキ）、子分は平民（プレブス）。基本的には、親分たる貴族が、平民層の子分たちの面倒を見ることで成り立っている従属的な人間関係ですが、いざという時は子分が親分のために立ち上がって助ける。戦争になれば親分の手下となって参戦し、パトロヌスが選挙で公職に就けば、その私設部下として下級役人的な働きもしていました。

この親分・子分の関係は、極めて私的な信頼関係に基づくものです。というのも、クリエンテスは、しがらみや経済的な理由で服従していたわけではなく、彼らは自由にパトロヌスを選ぶことができたからです。

ローマの平民は、自分が信頼する人、尊敬できる人物を選んで子分となり、毎日のように親分のところへ挨拶に行っていたようです。挨拶を受けた親分も手土産を渡したり、子分が厄介なことに巻き込まれれば、弁護して助けたりしながら、信頼関係を深めることに心を砕いていました。こうした人間関係は、映画『ゴッドファーザー』に描かれたイタリア・マフィアの世界にその名残《なごり》を認めることができます。

貴族と平民の間に厳然たる身分差があったにもかかわらず、ギリシアのように階層間で対立せず、共和政を安定的に五〇〇年も続けることができたのは、こうした親分・子分の人間関係があったからだと思います。

両者が私的な生活の中で信頼関係を築き、平民はそれなりに貴族を尊敬し、貴族も父祖の遺風を範として子分の信任に応え、立派な人物たらんとしました。そうした文化があったからこそ、元老院と民会が対立した時も何とか歩み寄って打開の道を探ることができ、独裁者に入り込む余地を与えなかったのだと思います。

共和政下の高潔な「独裁者」

もちろん、ローマ人の意識や人間関係だけが、独裁を防いだわけではありません。本章の冒頭で、ローマの共和政は、三つの政体が絶妙なバランスを維持していたと述べましたが、そのためには様々な工夫がなされていた。期間限定で独裁を認めていたのも、その一つといえるでしょう。

共和政下の最高責任者は、基本的に任期一年の二人のコンスルですが、国家が重大な危機に直面した時には、半年の期限付きで独裁官（ディクタトル）を指名し、独裁官が一人で国を率いるという例外を設けていました。ローマ人は独裁化を極端に嫌いつつも、有事には指揮系統を一本化したほうがいいと考えていたのです。

たとえばローマがまだ小国だった共和政初期、エトルリアとの戦いに際し、武勇の誉れ高いカミルスが独裁官に指名されています。この抜擢は大当たりでした。長く続いていた膠着《こうちゃく》状態を見事に打開し、カミルスは膨大な戦利品と多くの奴隷、それまでの四倍におよぶ広大な領土をローマにもたらしました。

カミルスは勇敢で、頭脳も明晰な人物でした。しかも、人道にもとる卑怯なことは絶対にしないという、まさに父祖の遺風を継承した正義の人だったと伝わります。そんな人柄と軍功が相まって、凱旋《がいせん》したカミルスに民衆は熱狂しました。

ところが、彼の人気を妬む輩もいて、カミルスは戦利品を私物化しているという根も葉もない噂を流されます。カミルスがこれを無視していると、民衆は手のひらを返したように彼を弾劾《だんがい》し、こともあろうに欠席裁判で彼に賠償金を請求したのです。失望した名将カミルスは故国を去りますが、その数年後、イタリアの北方にいたケルト人（ガリア人）がローマに侵攻し、首都が占領されてしまいました。

建国以来初の首都陥落という屈辱を味わい、万策尽きたローマ人は、亡命していたカミルスに再び独裁官に就くよう嘆願します。一度は自分を裏切った祖国ですが、彼は独裁官となってローマ奪還を果たします。なんという祖国愛！　しかし奪還した都は、ケルト人に破壊され、すっかり荒れ果ててしまっていました。その無残な姿を目の当たりにして意気消沈し、ローマを捨てて首都移転を提案する者さえ出てくる始末です。

しかし、カミルスはこれを一喝します。我々はローマ人なのだから、ローマにとどまって復興に力を尽くすべきだ、と。もし、あの時代にカミルスが独裁官を引き受けていなかったら、ローマの歴史はここで幕を閉じていたかもしれません。彼がいたからこそ、ローマは建国来のピンチを脱し、復興することができたのです。生涯に五回も独裁官に指名されたカミルスは、今もローマ第二の建国者と称されています。

独裁官を辞退した英雄

大帝国を築き上げたローマですが、常勝無敵の強国だったわけではありません。ケルト人を首都ローマから駆逐したのち、前四世紀から前三世紀にかけてはイタリア半島の山岳地帯に住むサムニウム人と断続的に戦闘を繰り広げ、ここでも敵の罠にまんまとはまって、屈辱的な負けを喫しています。

しかし、この「カウディウムの頸木《くびき》」と呼ばれる屈辱的敗戦から実に三〇年の歳月をかけて、サムニウム人を完全征服します。ローマ人は驚くほど執念深く、粘り強いのです。

その後、前三世紀から前二世紀にかけては、地中海貿易で栄えていたカルタゴとの戦いに明け暮れます。第一次から第三次まで行われた、ポエニ戦争です。第一次ポエニ戦争では勝ちを収めたものの、第二次ポエニ戦争では、イタリア南東部のカンナエで大敗。ローマ軍の死者は約七万を数え、この中には元老院貴族が八〇人も含まれていました。まさに歴史的大敗でした。

この戦いで敵軍を率いていたのが、猛将としてその名を歴史に刻むハンニバルです。しかしこの時も、ローマは失敗を糧《かて》に多くを学び、執念深く戦って、最終的には第二次ポエニ戦争を圧勝のうちに決着させます。

カンナエで壊滅状態に追い込まれた後、ローマ軍を指揮したのは、まだ二十代半ばのスキピオでした。名門スキピオ家の若者は、ハンニバルの戦法を徹底研究し、カルタゴ本国のザマにおいてリベンジを果たします。憎きカルタゴを完膚なきまでに叩きのめして凱旋したスキピオを、ローマの人々は熱狂的に迎え、彼を「アフリカヌス（アフリカ征服者）」と称えました。

独裁者をとことん嫌ったローマ人ですが、この時ばかりはスキピオにローマの終身執政官や終身独裁者になってくれと何度も提案しています。しかし、スキピオはこれを固辞。カミルスがそうだったように、いずれスキピオの人気を疎ましく思う輩が現れると分かっていたのでしょう。

案の定、一人の貴族が執拗《しつよう》にスキピオを批判しはじめます。のちに「大カトー」と称される監察官カトーです。スキピオ本人が独裁官になる気は毛頭ないと繰り返し断言しているのに、カトーはこれを信用せず、ことあるごとに「スキピオは独裁を狙う危険人物」と非難しました。ついにはスキピオと弟のルキウスを弾劾する裁判に発展します。

結局、スキピオ兄弟に対する告発は取り下げられましたが、ローマの権力闘争にほとほと嫌気した救国の英雄は、地方に隠棲《いんせい》することにしました。その後、ローマに戻ることなく五三年の生涯を閉じたといわれます。どんな晩年を過ごしたのか、詳しいことは分かっていません。残っているのは、自分の墓碑に「恩知らずの祖国よ、お前が私の骨を持つことはない」と刻ませたという逸話だけです。

国粋派と改革派の対立

民衆を熱狂させ、独裁嫌いのローマ人に終身独裁者になってほしいとまでいわしめたスキピオは、なぜ失脚してしまったのでしょうか。反スキピオの急先鋒であるカトーがいかに熱弁をふるったとしても、彼一人の力でそんなことはできなかったはずです。

実は、民衆には熱狂的人気のあったスキピオですが、元老院に嫌われていたのです。それは彼が「ギリシアかぶれ」だったからです。

先述の通り、ローマにとってギリシアは憧れの先進国でした。建国当時から、ローマはギリシアやエトルリアの先進的な文化や技術を学び、それを血肉とすることで発展してきたという歴史があります。

そんなローマの中でもスキピオ家はつとに進取の気風が強く、のちに人質としてローマに連れてこられたギリシアの歴史家ポリュビオスの面倒を見ることになるのもスキピオ家でした。一方のカトー家はというと、伝統を重んじる国粋派の筆頭。カトーは、ギリシア文化の流入は百害あって一利なしと断じ、ローマ人の道徳的廃頽《はいたい》やローマ兵の堕落を招く元凶だとして徹底批判しています。

スキピオの軍功と、彼が手にした名誉にカトーが嫉妬していたのは確かですが、実はスキピオが名声を博す前から、カトーはギリシアかぶれのスキピオを嫌っていました。そして、ギリシアに倣《なら》ってローマを改革しようとするスキピオのような「改革派」に反感を持っていた元老院議員が、カトー以外にも大勢いたのです。

「保守派」対「改革派」の争いは根深く、やがて元老院を二分し、さらに平民と貴族の対立に発展して、共和政後期の「内乱の一世紀」と呼ばれる時代に突入する火種となりました。この内乱のさなかに登場したのが、かのユリウス・カエサルです。

国政改革を推進するカエサル派と、それを阻止しようとする元老院の熾烈《しれつ》な対立、元老院貴族によるカエサル暗殺——そして、元老院の〝誤算〟からローマに初の「皇帝」が誕生することになっていくのです。

第7章　共和政から帝政へ

共和政ローマの「ファシズム」

五〇〇年続いたローマの共和政は、前一世紀後半にカエサルが登場したのを契機として「帝政」へと転じます。あれほど独裁を嫌っていたローマ人が、なぜ単一の権力者を認めるようになったのでしょうか。その理由は、どんな層の人々がなぜ皇帝の存在を支持したのかに注目すると見えてきます。

ここでキーワードとなるのが「共和政ファシズム」と「無産市民」の登場です。共和政ファシズムという言葉には、違和感を持つ人も多いと思います。ファシズムと聞いてまず思い浮かぶのは、二〇世紀イタリアに台頭したムッソリーニのファシスト党や、世界を震撼させたドイツのナチ党でしょう。現代人がイメージするファシズムは独裁と表裏一体であり、独裁阻止を標榜して生まれたローマ共和政とは、ある意味で正反対です。

しかし、実はファシズムという言葉には、もともと独裁の意味はありません。ファシズムの語源は、ラテン語の「ファスケス」。これは、古代ローマで権威の象徴とされた斧飾りをさす言葉です。そして、ローマ貴族にとって権威は、武功・武勲と直結するものでした。前章で見た通り、二度に渡って独裁官に指名されたカミルスも、カルタゴを破って終身独裁者にと民衆に請われたスキピオも、武勲によって民衆の支持を得た英雄です。

そもそも五〇〇年に渡る共和政ローマの歴史は、周辺国への進出と侵略の繰り返しでした。これはローマに限った話ではありません。当時はどこの国も自国を維持・存続させるため周辺国との戦いを繰り返し、ゆえに国家予算の大半、おそらく七割近くを軍事費として投じていました。

古代国家の政治システムは、軍事システムと不可分であり、国家にとって市民は戦力でした。平時は農耕の民であっても、有事には戦地に赴き、命がけで戦う。なぜ命をかけてまで戦うかというと、強い祖国愛があったからということもありますが、民衆は勝てば戦利品や新たな土地が得られたからです。

民衆が実利を求めたのに対し、貴族が求めたのが武勲でした。大きな戦いで勝利を収めると、ローマ人は戦勝記念の立派な凱旋門を造り、盛大に凱旋式を行いました。これも、武勲を挙げることが何よりの栄誉であり、父祖の遺風に学んだ彼らにとって最高の勲章であったことの現れといえます。

ローマの共和政は、独裁とは異なる政体ではありますが、軍事力にものをいわせる覇権主義であり、しかも専守防衛などではなく、「先手防衛」だった。つまり、攻撃こそ最大の防御であるという考えに基づいた軍国主義だったということを見逃してはいけないと思います。独裁を想起させるファシズムという言葉を、私が敢えてローマ共和政に用いるのは、先手防衛を是とする軍国主義であるという意味で、二〇世紀のファシズムと共通する部分があるからです。

共和政末期にコンスルを務めたマリウスも、マリウスが他界したのち独裁官となったスッラも武勲の人でした。もちろん、かのカエサルも、彼と共に「三頭政治」という寡頭政を担ったポンペイウスやクラッススもそう。共和政ローマは、先手防衛のファシズムを貫いたからこそ領土を拡大して帝国化したのであり、戦争に明け暮れ、広大な領土を手にした代償として「帝政」を招くことになっていったのです。

帝国化が生んだ「無産市民」という火種

ローマが地中海世界の覇権を握り、事実上の「帝国」となったのは前一四六年のことです。一世紀におよんだカルタゴとの戦いに勝利して地中海の西側を征服し、マケドニア領だった地中海東側の地域もすべて属州化しました。

帝国化によって、ローマは膨大な戦利品、広大な領地、そこから継続的に吸い上げる巨利を手にしました。一方で深刻な問題も浮上します。戦乱の時代が長く続いたため、働き手である男性を兵役にとられた農地が荒廃してしまったのです。収穫が減って困窮した農民は、農地を手放して都市になだれ込み、「無産市民」となりました。

彼らが手放した農地は上流貴族が安く買い占め、戦争で手に入れた奴隷を働かせて左うちわ。富める者はますます富み、持たざる者は土地も仕事もなくしてますます困窮を極めていく。急速に拡大した貧富の格差は、ポリュビオスが称賛したローマの混合政体のバランスを損ない、人々の意識をも変えていきました。

もともとローマ人は、個より公を重視する、祖国愛の強い人々であると指摘しました。それがローマの発展の礎だったのですが、持てる者と持たざる者の対立が次第に先鋭化する中で、祖国愛は失われ、自己愛、あるいは身内愛を露わにするようになっていったのです。

こうした状況を打開するために立ち上がったのが、改革派貴族のグラックス兄弟です。彼らの母親は、アフリカヌスと称賛されたスキピオの娘。父もコンスルを二度経験している名士でした。

最初に立ち上がったのは、兄のティベリウスです。彼は二十代の若さで護民官に就任し、大土地所有に制限を設ける改革を提案します。貧しい平民を救おうとしたわけですが、既得権を侵害されることに猛反発した元老院の一派「閥族派」によって、無残にも殺されてしまいます。その後、八歳年下の弟ガイウスも護民官となって、より踏み込んだ改革に着手しますが、彼もまた反対派に追い詰められて自害する結果となりました。

ティベリウスが惨殺された際、民衆が怒りを爆発させたため、元老院も渋々ながら故ティベリウスの土地改革案を承認しています。しかしガイウスは、貴族から既得権を奪うだけでなく、地方都市の市民にもローマの市民権を与えることを提案し、ローマの民衆からも反発を買ってしまいました。

ローマ市民には、公職選挙権や免税権など様々な特権が与えられていました。つまりローマの民衆は、自分たちだけの既得権を守ろうとしたのです。もはや貴族も平民も、祖国のため、公のためではなく、自分の、あるいは自分たちの階級・階層の利害で動くようになってしまっていました。

共和政下におけるスッラの独裁

内政が乱れたときに国防危機を迎えるのは歴史が教えるところです。大国になったとはいえ、内紛続きで混乱状態に陥っていたローマは、周辺国から狙われました。まず、同盟国だったヌミディア（現在のアルジェリアにあった王国）がローマに宣戦布告し、北方からはゲルマン系の民族もローマの領土を侵犯してきました。

このピンチを救ったのが、貧しい平民出身ながら武功によってコンスルまで上り詰めたガイウス・マリウスです。平民派の中心人物である彼は、それまで従軍資格のなかった無産市民に入隊を認め、失業問題を解決すると同時に兵力増強を実現し、見事に国境線を守ります。

その手腕と人気に危機感を抱いた閥族派は、ヌミディアとの戦いで武功を挙げたスッラを擁立《ようりつ》して対抗。高齢のマリウスが他界すると、スッラを独裁官（ディクタトル）に据えました。しかも、独裁官には通常半年の任期があるのに、スッラの任期には制限がありませんでした。

スッラは、元老院貴族が中心となって国を動かしていた、古き良き時代の共和政を復活させるべく大改革を行います。元老院の権力を強めるため、議員定数を三〇〇から六〇〇に倍増し、逆に平民の権利を守る護民官の特権を制限します。つまり、ローマの元老院は独裁によって貴族政を強化したのです。

平民派を抑えて精力的に改革を進め、強固な政権を築いたスッラですが、三年であっさり独裁官の職を返上しています。引退して若い妻を娶《めと》り、趣味三昧の優雅な日々を過ごしたかと思うと、二年後には他界しています。聡いといいましょうか、さばけているといいましょうか、独裁の玉座に長居は無用と心得ていたのでしょう。

カエサル登場で変質した共和政

スッラの改革により、平民派と閥族派の対立が解消されたわけではありません。上流貴族が買い占めた農地で過酷な労働を強いられていた奴隷たちが、剣闘士スパルタクスらの蜂起に合流して反乱軍を形成すると（紀元前七三年）、これがローマ軍を退けるほどの規模にまで膨れ上がっていきました。

この反乱を鎮圧したのが、マルクス・リキニウス・クラッススと、グナウス・ポンペイウス・マグヌスです。反乱軍の首領スパルタクスの首を挙げたのはクラッススですが、敗残兵を一掃して決着をつけたのはポンペイウス。二人は武勲を分け合うことになり、それが原因で互いに反目するようになりますが、事を荒立てることなく、揃ってコンスルに就任します。クラッスス四五歳、ポンペイウス三六歳のことでした。

若いポンペイウスは、その後も数々の武勲を挙げ、民衆からの信任を獲得していきました。そんな彼を、元老院は危険視するようになります。彼が独裁者と化するのではと危惧《きぐ》したのです。本人に独裁の意志がなくても執拗に疑われ、不当な扱いを受けたというのはスキピオと似ています。

ちょうどその頃、イベリア半島を制圧して意気揚々とローマに凱旋してきたのがユリウス・カエサルです。ユリウス家は歴史ある名門家系ながら、すっかり落ちぶれ、カエサルが生まれた家はローマ市内の貧民街にあったといわれます。しかし、叔母が平民派の首領マリウスと結婚するという幸運を足掛かりに、ユピテル神殿の祭司、名誉職である大神祇官、さらに法務官を歴任。猛スピードで政界の頂点へと駆け上がっていきました。

イベリア半島から帰国した時、カエサルはすでに三九歳です。武勲を祝う凱旋式を挙行し、すぐにでもコンスルに立候補する気でした。しかし元老院はこれを許さず、当時問題となっていた山賊退治をカエサルに命じます。かねてからカエサルの派手な振舞いに反感を抱いていたのです。

もちろん、そんなことでへこたれるカエサルではありません。どうしてもコンスルになりたいカエサルは一策を講じます。以前からスポンサーとして自分を応援してくれていたクラッスス（ローマ市街の大半の土地を所有していた大富豪）と、元老院に不満を抱いていたポンペイウスを引き込んで対抗したのです。

この戦略は当たり、前五九年、ついにカエサルはコンスルに就任。クラッスス、ポンペイウスと三人で、いわゆる「第一次三頭政治」を始めます。

「賽は投げられた」

権力・武力・富という三種の神器を掌中にした政権は、順風満帆かに見えました。ところが、わずか五年ほどで不協和音が聞こえ始めます。ポンペイウスに嫁いだカエサルの娘が産褥死《さんじょくし》すると、その翌年にはクラッススが遠征先で戦死。互いに牽制しながら取っていた三つ巴のバランスが崩れたところに、元老院が手を伸ばしてきたのです。

カエサルの独裁化を恐れた元老院は、カエサルがガリア平定の遠征でローマを留守にしている間にポンペイウスを説得、彼を反カエサル派の中心人物としてかつぎあげます。ポンペイウスは、カエサルを嫌っていたわけではないと思います。直截にいえば、元老院にいいくるめられてしまったのです。戦場での采配には長けていても、政治家として深謀遠慮をめぐらすことができなかったのでしょう。

「賽《さい》は投げられた」

国内の不穏な動きを知ったカエサルは腹を決めます。ローマに帰還する際、掟を破って武装したままルビコン川を渡ったのです。それは、ローマに反旗を翻すことを意味する無謀な行動でした。しかし、もはや後に引くことはできない――ポンペイウスというより、その背後で故国を牛耳る元老院との真っ向勝負に挑む覚悟を語ったのが、この有名な一言なのです。

兵の数では劣勢だったにもかかわらず、カエサルはポンペイウスを降し、地中海東部やヒスパニアに残っていたポンペイウスの息子や残党も三年がかりで一掃。前四六年、ローマに凱旋したカエサルを、民衆は熱狂的に迎え入れました。

元老院の謀略は、完全な失敗に終わりました。カエサル独裁化の芽を摘むためにポンペイウスをまつり上げたのに、それが逆に絶大な人気と権力をカエサルに与える結果となってしまったのです。

カエサルの登場によってローマの共和政は大きく変容しました。名実ともに絶大な権力を掌中にしたカエサルは、ローマに凱旋して以降、矢継ぎ早に改革を断行します。かなり強引で独裁的なやり口ではありましたが、それでも建前としては共和政の体裁を維持・遵守しています。

カエサルは、共和政を葬り去ろうとしたわけではありません。しかし、共和政が誇った絶妙なパワーバランスは、完全に崩れてしまいました。貴族政を軸とした独裁政、民主政の三権分立的なバランス構造は、もはや望むべくもなく、国家運営の軸足は、貴族政の本丸である元老院から「皇帝」へと移っていくことになりました。

終身独裁官への道

ポンペイウス勢力を一掃したカエサルは、ローマ全軍の指揮権を掌握し、帝国内の大改革を次々と進めていきました。元老院で否決されてもおかしくないような改革も、ちゃんと承認を受けています。

なぜ、そんなことができたのでしょうか。カエサルを一度は追放しようとした元老院貴族が、彼に帰順したわけではありません。カエサルに対する反感は根強くありました。それを抑え込むために、彼は元老院の議員数を増やしたのです。

元老院の力が増して逆効果ではないかと思われるかもしれませんが、これは実に巧妙な策でした。新たな議席に、当時イタリア半島の諸都市に台頭していた新興貴族をつかせたのです。彼らはカエサルの支持者でした。反対勢力を元老院から追放するのではなく、支持者を増やすことで元老院を自分の支配下に置いたわけです。

事実上の独裁体制とはいえ、いきなり自らを「王」と名乗るような愚は犯しません。共和政のシステムに組み込まれていた独裁官（ディクタトル）の制度を利用し、その任期を半年から一年、さらに一〇年と延ばし、最終的には終身として、みずから終身独裁官に就任したのです。

しかしカエサルは、終身独裁官となったその年、元老院の回廊で大勢の反カエサル派議員に取り囲まれ、殺されてしまいました。「ブルトゥス、お前もか」という有名なセリフで知られる場面です。ローマに凱旋して民衆の熱狂的な歓迎を受けてから、わずか二年後のことでした。

元老院の誤算

暗殺された将軍カエサルの葬儀には多くの市民が集まり、その死を嘆きました。これは元老院にとって大誤算でした。共和政の伝統に反する独裁者を葬ったことを、市民が絶賛支持してくれると思っていたからです。

どうやらカエサルは、人を惹きつける不思議な魅力を持っていたようです。カリスマ性を備えていた彼は、保守的な元老院貴族にとっては脅威でも、民衆やローマ軍の兵士たちの間では人気があったのです。

人気の理由はもう一つあると私は見ています。それは、当時としてはずば抜けた彼の「寛容」な態度です。たとえば、カエサルと袂《たもと》を分かったポンペイウスは、「自分についてこない者は敵とみなす」と脅すような人物だったと伝わります。ところが、カエサルは「誰にも与しない者は味方とみなす」と語っている。実際、ポンペイウスとの戦いがカエサルの勝利で決着したあとも、ポンペイウスを擁立した元老院の閥族派をほとんど処罰することなく許しています。

ポンペイウスに対しても、カエサルはその死を望んでいたわけではありません。帰順すれば許すつもりだったと想像します。亡命途中に殺されたポンペイウスの首を見せられた時、カエサルは喜ぶどころか涙を流して悲しんだといわれます。

また、征服して属州となった国々に対しても、彼はローマの流儀を押し付けるのではなく、ある程度の自由と自治を認めています。これは古代軍国主義の世界にあっては非常に稀有なことです。慈愛・寛容を意味するラテン語「クレメンティア」が、カエサルを象徴する言葉として使われていたことからも、その態度が広く称賛と尊敬を集めていたことが分かります。

ところでカエサルは、暗殺の危険を感じていたのでしょう、あらかじめ遺言状を遺していました。彼の腹心で、共にコンスルの座にあったマルクス・アントニウスは、カエサルの死を悼む民衆に向かって、この遺言状を読み上げます。そこには、自分の邸宅は市民に開放し、私財の大半はローマに暮らす市民に分け与える、と書かれていました。

この遺言状のインパクトは絶大でした。民衆は元老院の閥族派を糾弾《きゅうだん》し、暗殺に手を染めた者たちをローマから追放します。元老院が慌てたのも無理はありません。

遺言状は、カエサルの姪の息子ガイウス・オクタウィウスを養子にして（このときオクタウィアヌスと改名）後継者として指名していました。自分が指名されるものとばかり思っていたアントニウスにとっては青天の霹靂《へきれき》。経験もあり、カエサルの腹心でもあったアントニウスは三九歳。一方のオクタウィアヌスは、まだ一九歳でした。しかし、カエサルが見込んでいただけあって、この若者は、為政者としての器を備えていました。

オクタウィアヌスとアントニウスの微妙な関係を、当時コンスルを務めていたレピドゥスは見逃しませんでした。レピドゥスは三人でローマを分担統治することを提案し、三頭政治をスタートさせますが、長続きはしませんでした。レピドゥスは力量に劣り勢力を弱めて引退。エジプトのファラオ（女王）クレオパトラに入れ込むあまり、ローマの意向をないがしろにしたアントニウスも、オクタウィアヌスとの戦いに敗れて自害。結局、カエサルが遺言した通り、オクタウィアヌスが事実上の単独支配者として帝国に君臨することになりました。

共和政の看板を掲げた「元首政」

カエサル同様、単独支配者となったオクタウィアヌスですが、カエサルの死に多くを学んでいた彼は、共和政の「看板」を大事にしました。レピドゥス、アントニウスとの戦いに際して与えられた非常大権を元老院と民会に返上し、元老院から独裁官への就任を勧められても、これを固辞しています。自分はあくまでも「プリンケプス（市民の第一人者）」

であると言い続けたのです。

共和政を守る姿勢を崩さないオクタウィアヌスは、元老院から高い評価を勝ち取りました。前二七年、元老院は彼に「アウグストゥス（尊厳なる者）」という名を贈り、元老院とアウグストゥスで国政を分担して行うことを決めました。一見すると共和政維持の取り決めのようですが、アウグストゥスという尊称が、のちに「正帝」を表すことになることからも分かる通り、オクタウィアヌスはアウグストゥスに改名することで、事実上の「皇帝」――ローマ帝国初代皇帝となったのです。

聡明なアウグストゥスは、共和政の看板を掲げ、その形を維持したまま、実質的には皇帝による「帝政」を行っていきました。共和政時代からの体制にはほとんど手を加えることなく、新しい国政の仕組みを作り出していったのです。これは養父カエサルの遺志でもありました。

旧来の共和政システムでは、大帝国となったローマを治めることはできないということにカエサルは気づいていました。内乱の一〇〇年に生きた彼が願っていたのは、自身が王になることではなく、ローマの平和です。終身独裁官に就任したのも、ローマが平和を取り戻し、よりよい帝国を築いていく上で必要な改革を断行するための手段だったのだと思います。

そんなカエサルのスタンドプレーが元老院の気に障ったわけですが、その轍《てつ》を踏まないよう周到に配慮したアウグストゥスの治世は四〇年におよび、カエサルが願った帝国の平和を実現したのです。

第8章　帝政の急所は後継者問題にあり

次々に現れ来る愚帝

優れた後継者を選んだことも、カエサルの偉業の一つといっていいでしょう。民主政も独裁政も、吉と出るか凶と出るかはリーダー次第です。帝政ローマも、しばらくは良帝と悪帝が交互に出現して、なかなか国政が安定しませんでした。

大帝国の統治に成功した初代皇帝アウグストゥスですが、彼も後継者選びには苦心惨憺しています。三度結婚したものの男子に恵まれず、自分の娘と腹心のアグリッパを結婚させて、彼らの間にできた男子二人を養子に迎えますが、期待の孫たちにも先立たれてしまったのです。

結局、アウグストゥスが後継者に指名したのは、三番目の妻リウィアが前夫との間にもうけたティベリウスでした。カエサルやアウグストゥスというビッグネームの陰に隠れ、日本での知名度は低いものの、ティベリウスは軍事的才能に恵まれ、行政官としても優秀だったと思います。問題は、その次の皇帝でした。

これまた紆余曲折の末にティベリウスの後継候補であった、弟の孫ガイウスが担ぎだされました。二四歳の若さで第三代ローマ皇帝となった彼こそが、悪名高きカリグラです。帝位について半年くらいは、民衆に恩賜《おんし》金を配ったり、減税したり、兵士への祝儀を倍増するといった大盤振る舞いで、彼もそれなりに民衆の心をつかんでいます。ところが重い病を患い、二カ月の闘病生活から復帰した彼は、まるで別人に生まれ変わったかのようでした。

猜疑心《さいぎしん》に取りつかれたカリグラは、周囲の人間を次々と処刑します。常軌を逸した贅沢《ぜいたく》三昧でティベリウスの遺産を使い果たすと、裕福な貴族から財産を没収したり、重税を課したりする始末。真偽のほどは不明ですが、宮殿に売春宿を開いて金を集めていたとも伝わります。業《ごう》を煮やした元老院は、周到に計画を練ってカリグラを暗殺します。カリグラが帝位に就いて、わずか四年後のことでした。

後継者不在の中、カリグラの親衛隊が次なる皇帝として白羽の矢を立てたのは、ティベリウスの甥《おい》クラウディウスです。実母でさえ「人間の姿をした怪物」と嘆くほど容貌には難がありましたが、彼は帝政にふさわしい官僚体制を完成させ、才能ある人材を広く登用するなど、為政者としては高い能力を発揮します。

しかし治世一四年目の秋、彼も不幸な死を遂げます。「自分の連れ子を次期皇帝に」という野望を抱いた四番目の妻アグリッピナに毒殺されたのです。彼女の策略によって第五代皇帝となったのが、当時まだ一六歳だったネロです。

当初こそ、ネロは哲学者セネカなど側近の意見を取り入れて善政に努めていましたが、二十代になる頃から暴君の本性をのぞかせるようになります。気に入らない人間は、身内や側近であっても手段を選ばず死に至らしめる。政治に口出しするようになった母をも殺し、一人目の妻は不義の冤罪《えんざい》を着せて処刑しています。二人目の妻も妊娠中にネロから腹を蹴られ、それが原因で亡くなっています。

そんなネロも、当初は派手なパフォーマンスで民衆には人気がありました。ところが母親殺しの噂が致命傷となって人心は離れ、やがて軍が反旗を翻したという知らせを聞いて観念したのか、ネロは自害して果てることになりました。

ネロの死後、わずか一年の間に三人の皇帝が擁立されては短命に終わっています。その後、ローマの財政再建を果たしたウェスパシアヌス、火山の噴火で甚大な被害を受けたポンペイの被災者救済に尽力したティトゥスと続きますが、再び悪夢のような独裁者が降臨。徹底した恐怖政治で人々を縛ったドミティアヌスです。虐殺ともいうべき粛清《しゅくせい》を繰り返して一五年も君臨しましたが、彼も最後は暗殺されて、その治世に幕を下ろしました。

五賢帝の時代へ

初代皇帝アウグストゥスの治世から、わずか一〇〇年の間にカリグラ、ネロ、ドミティアヌスという三人の悪帝を輩出することになったローマでは、共和政復活を望む声が高まっていました。元老院が中心となって議論を重ねますが、最終的には、人選さえ間違えなければ帝政が最善だろうということで決着します。

新たな皇帝選びの基準は、とにかく「人柄」重視。ローマは軍国主義ですから、もちろん軍人としての経験や資質も問われます。国の最高指導者となるわけですから、相応の見識も必要です。そのうえで、出自にとらわれることなく、元老院にも軍部からも好感をもたれそうな人物を選ぼうと考えたのです。

選ばれたのは、元老院のベテラン議員ネルウァでした。すでに六六歳、当時としてはかなりの高齢でしたが、仁徳者として知られ、ありがたいことに家柄も経歴や実績も文句なし。この人選が奏功して、以後、五代に渡って賢帝が続くことになりました。人類史上、最も幸福な時代とさえいわれる「五賢帝時代」です。

高齢で、実子のないネルウァにとって、急務は後継者選びでした。彼が次期皇帝に指名したのは、国境の最前線である属州ゲルマニアの総督。のちに「最善の君主（プリンケプス・オプティムス・マクシムス）」と絶賛されるトラヤヌスです。二人の間には何の親族関係もないばかりか、トラヤヌスはローマ出身者ですらありません。トラヤヌスの生地は、属州ヒスパニアのセビリア近郊（現在のスペイン南部）です。ネルウァは旧来の慣習を破って、初めて属州出身者を皇帝に抜擢したのです。

トラヤヌスは早くから軍人として頭角を現し、三八歳でコンスルにも選出されるなど政界でも高い評価を受けていました。堂々たる体軀《たいく》、威厳に満ちた風貌。それでいて謙虚さも備え、市井の人々に対しても気さくに接しています。後世の歴史家カシウス・ディオはトラヤヌスを評して次のように綴っています。

「トラヤヌスは民衆には温情を抱き、元老院には威厳をもって臨んだ。それゆえ、誰もが彼を敬愛し、恐れる者などいなかった。敵以外には」

これほどの賛辞を受けた指導者は、歴史上ほかにいないのではないでしょうか。

「歴史がない皇帝」の手腕

治世二〇年におよんだトラヤヌスの跡を継いだのは、従兄弟の子、ハドリアヌスです。長身にして眉目秀麗。医学・数学から哲学まで学問をよくし、音楽・文学など芸術にも豊かな才を発揮した彼は、軍人としても申し分のない実績を有していました。ちなみに、ヤマザキマリさんの漫画で、映画化もされた『テルマエ・ロマエ』の舞台は、ハドリアヌス治世下のローマです。

ハドリアヌスの最大の功績は、領土の一部を放棄したことといえるでしょう。併合したとはいえ、アルメニアやメソポタミア地域では反乱が絶えない上、国境線が大きく広がったことで防衛費がかさんで、財政を圧迫していたのです。

帝国の重荷となっていた領土を潔く切り捨てた彼は、即位後、数年で政情の安定と財政再建を果たし、その後は多くの時間を属州の視察に費やします。皇帝みずから属州に足を運ぶことで、各地の軍の士気を高め、秩序の安定を図ったのです。

「旅する皇帝」と呼ばれたハドリアヌスですが、晩年は病に苦しみ、死ぬ前に帝位を譲っています。引き継いだのは、アントニヌス・ピウスでした。五賢帝の中で最も長く国を治めたにもかかわらず、これといった事件も出来事もないため「歴史がない皇帝」といわれています。裏を返せば、それだけ長く安定的に帝国を指導・運営したということでしょう。ドラマチックなエピソードはありませんが、実は彼こそが五賢帝の中でも最も優れた皇帝だったのではないかと私は思います。

アントニヌス・ピウスは、後継者に悩むこともありませんでした。なぜなら、ハドリアヌスがアントニヌス・ピウスの後継者まで指名していたからです。一人は、アントニヌスの甥にあたるマルクス・アウレリウス。もう一人は、ハドリアヌスが自分の後継者と目していたルキウス・ケイオニウス・コンモドゥスの遺児、ルキウス・ウェルスです。

マルクス・アウレリウスの失敗

ハドリアヌスの命に従い、彼らがアントニヌスの養子となったのはマルクス一六歳、ルキウス七歳の時です。長く平和なアントニヌス・ピウスの治世を経て、二人が帝国初の共同統治をスタートさせた時、すでにマルクスは四〇歳に手が届こうとしていました。

ハドリアヌスの先見は、マルクスに関しては当たり、ルキウスに関してはハズレというところでしょうか。二人の資質、能力の差に気づいていたアントニヌスは、死に際してマルクスに帝国を託しますが、マルクスは自分の娘をルキウスと結婚させ、ダブル皇帝体制で帝国統治に臨んだのです。

しかし、二人の共同統治を待ち受けていたのは、度重なる天災と辺境からの外敵の侵入でした。帝国東方での戦いはルキウスが見事に討伐しますが、帰還兵たちは、戦利品と共に疫病を持ち帰り、以後一〇年以上に渡ってローマの人々を苦しめることになりました。そのルキウスも、北方での戦いを鎮静化させてローマに戻る途中、脳梗塞《こうそく》に倒れて他界。共同統治は八年で終わりを告げることになりました。

『自省録』の著者としても知られるマルクス・アウレリウスは、少年時代から哲学に深く傾倒し、実は哲学者として生きることを切望していました。その夢を諦め、ハドリアヌスとアントニヌスという二人の賢帝の意に従ったのは、彼の信奉する古代ギリシアのストア哲学が「運命を甘受せよ」と説いていたからでしょう。

マルクスは多忙な公務の合間を縫って内省し、折節の思索や自分自身に対する訓戒の言葉を日記のように綴っていました。それが『自省録』です。いくつか引用します。

「皇帝化させられてしまわないよう、染められないよう注意せよ」

「神々を敬え。人を救え。人生は短い」

「我々を守ることができるのは何か。それはただ一つ、哲学だけだ」

かつて、アテネの民主政に絶望したプラトンは、優れた哲学者による独裁を理想の政体として掲げました。マルクスは、まさに理想的な哲人皇帝だったと思いますが、彼自身は、それを意識していたのか、

「プラトンの国家を望むな。わずかでも前進すれば十分だと考えよ」

と『自省録』に記しています。その謙虚さ、思慮深さこそ、プラトンが独裁者に求めたものだったのではないでしょうか。

マルクスは、繁栄に陰りが見え始めた帝国の難しい舵取りに、文字通り全身全霊を尽くしました。清廉で人望もあるマルクスでしたが、一つだけ、しかし大きな過ちを犯します。愚息コンモドゥスを後継に指名し、一五歳になった彼を共同統治帝に任命したのです。

マルクスにとっては、一四人いた子どものうち、成人できた唯一の男子。粗暴なコンモドゥスが皇帝の器でないことは、周囲も気づいていたはずです。繁栄のピークを極めた帝国は、案の定、ここから茨の下り坂を歩むことになりました。

第9章　ローマはなぜ滅びたか

帝国に訪れた「老衰」

長い年月をかけて巨大帝国に成長したローマは、五賢帝時代の終焉《しゅうえん》、愚帝コンモドゥスの登場を一つの契機として、少しずつ、しかし確実に衰退していきました。一気に瓦解したのではありません。それはまるで老衰のようでした。

ローマの帝政は、事実上の独裁政です。しかし、体裁としては共和政を守り続けました。カリギュラ、ネロ、ドミティアヌスが悪帝の烙印を押されたのは、もちろん皇帝たちの横暴や残虐さゆえのことですが、一番の問題は元老院を軽視し、議員の多くを処刑したところにあったといえるでしょう。

ネルウァに始まる五人の賢帝は、いずれも元老院に敬意を払い、大事に扱っています。とはいえ、つねに蜜月の関係だったわけではありません。たとえば旅する皇帝ハドリアヌスは、元老院との無用な衝突を避けるためにローマを長く離れていたようにも思えます。「彼らは互いに軽蔑し合いながら、互いにへつらい合う。そして、相手に優越しようと欲しながら、互いに譲り合う」マルクス・アウレリウスが『自省録』にこう記したのは、おそらく元老院議員や宮廷に出入りする有力貴族の虚飾、邪悪、策略を疎ましく思ってのことでしょう。それでも彼らは、物事を進める際には元老院の意向を諮り、それなりの手続きを経て意思決定するなど、共和政の建前や形をきちんと守った。だからこそ賢帝と称されたのです。五賢帝時代のローマ帝政は、貴族政中心の共和政が変質した独裁政といえるでしょう。三悪帝に振り回されてなお、元老院が帝位を廃止しなかったのは、かつてのような共和政では巨大化した国家を運営できないと分かっていたからだと思います。たとえ独裁であっても、優れた人物を最高権力者に据えれば、自分たち元老院の意向を汲みとってもらえるだろう——つまり彼らは、元老院という機構を守るシステムとして、「人柄」重視の帝政を選択したのだと思います。

しかし、幸せな賢帝時代は、残念ながら一〇〇年続きませんでした。アウレリウスの跡を継いだコンモドゥスは後宮で遊び放題、政務を任された皇帝の側近たちも、気に入らない元老院議員を処刑して財産を没収するなどやりたい放題でした。政治は腐敗し、コモンドゥスは親衛隊長と自分の愛人という、本来であれば自分を守ってくれるはずの二人に暗殺されてしまいました。

軍の暴走に道を開いた異民族の皇帝

コンモドゥスの暗殺後、非常に優秀で正義感の強いペルティナクスが帝位に就きますが、改革を急いで反感を買い、わずか三カ月で暗殺されてしまいます。

さて、次は誰にするか——人選に窮したのか、それとも面倒だったのか、こともあろうに帝位は競売にかけられることになりました。勝ち取った（買い取った）のは、金貸し業で財をなした富豪ユリアヌスです。しかし彼も二カ月ほどで処刑され、帝位は属州の総督セプティミウス・セウェルスへと移ります。

軍に擁立されて皇帝となったセウェルスは、ローマの属州である北アフリカの出身。トラヤヌスもハドリアヌスも現在のスペイン出身ですから、皇帝がイタリア出身者でないことはさしたる問題ではありません。しかし、セウェルスはインド・ヨーロピアン系ですらなかった。これは初めてのことです。

アフリカをルーツとする異民族の軍人皇帝は、ローマ的な価値観や伝統には関心がありませんでした。彼は、旧来のローマ的慣習を打ち破って大胆な改革を断行します。その一つが、軍隊内の身分差別撤廃でした。家柄、身分、出身地にかかわらず、実力さえあれば属州出身者でも出世し、軍の要職に就けるようにしたのです。

それまでローマ人にだけ与えられてきた特権を排し、属州を含めたすべての地域が平等に扱われるという意味で、これは「民主化」改革ということもできます。しかし、セウェルスが断行した改革により、ローマ帝国はもはやローマ人の帝国ではなくなってしまいました。

セウェルスがあからさまに軍人を重用・厚遇し、軍との結びつきを強めていった結果、以後、ローマ帝国では「軍」が皇帝権力の基盤となり、「権威」をもって国を治めるというローマの伝統は雲散霧消していきます。

セウェルス以降、帝位は息子のカラカラ、カラカラの親衛隊長マクリヌス、カラカラの落胤《らくいん》と自称したエラガバルス、エラガバルスの従弟アレクサンデル・セウェルスへと引き継がれていきます。しかし、この四人のいずれもが殺されています。皇帝の命脈を決めるのは皇帝権力の基盤たる軍となっており、セウェルスの民主化改革によって増長した軍の暴走を、もはや誰も止められなくなっていたのです。

独裁抑止力としての元老院の衰退

この混乱期に、元老院はいったい何をしていたのでしょうか。何もできなかった――というより、命の危険を感じて恐々としていたというのが本音ではないでしょうか。最後の賢帝マルクス・アウレリウスが死して以降、軍人が存在感を増していく陰で、元老院の権威はみるみる失墜していました。元老院貴族の意向など、ほとんど通らなくなっていたのです。

二三五年にアレクサンデルが暗殺されて以後、ローマはさらに混迷を極めます。わずか五〇年の間に七〇人もの皇帝が乱立する「軍人皇帝時代」へと突入していったのです。

皇帝といっても、その多くは各地の軍隊が勝手に擁立した「僭称帝」でした。元老院が認めた正式なローマ皇帝は二一人（ほかに元老院公認のガリア帝国皇帝が五人）で、その三分の二は親衛隊や側近、配下の兵に殺されています。

軍の支持が得られない皇帝は、いとも簡単に殺されてしまう時代です。この時期になると、元老院が正式に認めたといっても、軍が擁立した皇帝を追認するばかりで、一矢報いる力すらなくなっていました。元老院という組織、元老院貴族という身分は変わらず残っていましたが、王侯の集まりと称されたかつての元老院とは似て非なるものです。「父祖の遺風」を子々孫々に語り伝えるような教育システムも、おそらくほとんど廃れていたのではないでしょうか。

帝国の分割統治と「専制君主政」

軍人皇帝時代の最後の皇帝ディオクレティアヌスによって、ローマはようやく混乱の世紀を抜け出し、落ち着きを取り戻します。彼は、一人の皇帝が広大なローマ帝国を治めるシステムは、もはや立ち行かないと考えていたのでしょう。ローマに秩序と安定をもたらすため、彼は信頼できる戦友マクシミヌアスを共治帝に迎えて、帝国を分割統治する道を選択します。

自分は帝国の東半分、マクシミヌアスが西半分を治め、さらに、東西それぞれに副帝を置いて、二人の正帝が引退あるいは死亡した場合は、副帝が正帝となるという帝位継承システムも整えました。ほかにも、帝国を一二の管区に再編し、それに合わせて官僚制を整備したり、文官と武官を切り離したり、税制改革や徴税のための人口調査・国土測量を行ったりと、数々の改革を行いました。インフレ対策にも切り込んでいます。

ディオクレティアヌスが行ったことの中で、もう一つ特筆すべきは皇帝の神格化です。軍人皇帝時代に失墜した皇帝の権威を取り戻すべく、自身は最高神ユピテルの、共治帝のマクシミヌアスをヘラクレスの子であると宣言して、民衆に神々への礼拝を義務づけたのです。

すでに「ローマ人の帝国」ではなくなっていたローマの民衆に、かつてローマ人が堅持していたような祖国愛を期待することはできません。皇帝を神格化することにより、様々なバックグラウンドを持つ国民に愛国心を持たせ、皇帝の求心力を高めようとしたわけです。しかしここで指摘しておかなければならないのは、この施策はローマが「建前」としてきた共和政の根本を突き崩す大改革だったことです。

確かに共和政は形骸化し、元老院も良識の府としての機能は果たせていませんでした。しかし、それでもローマ皇帝は「市民の第一人者（プリンケプス）」であり、神でも王でもないことを原則としていました。それを破って、ディオクレティアヌスは自分を「ドミヌス（主人）」を呼ぶよう命じ、専制君主政（ドミナトゥス）を目指したのです。

二〇年に渡る彼の治世と改革は、成功したかに見えました。しかし、ディオクレティアヌスが引退すると、新たな正帝・副帝の間で対立が激化し、再びローマは何人もの皇帝が覇権を争う内乱状態に陥ってしまいます。

歴史は繰り返されるのか

この内乱を勝ち抜いたコンスタンティヌスがローマを統一し、一時は単独の皇帝として君臨しますが、彼の死後、三人の息子たちが相争って帝国は再び東西に分裂します。その後、東ローマの皇帝だったテオドシウスが再統一しますが、彼が死ぬと二人の息子が東西ローマを分割統治し、二度と再び統一されることはありませんでした。

東ローマは兄アルカディウスが、イタリア半島を含む西ローマは弟のホノリウスが継承します。ところが、西ローマ帝国はテオドシウスの死から一〇〇年足らずで滅亡。一方の東ローマ帝国は、一五世紀にオスマン帝国によって滅ぼされるまで、実に一〇〇〇年も命脈を保ちますが、そこにローマの都はなく、ローマ人の帝国でもない。東ローマ帝国というより、後世の人が名付けた通り「ビザンツ帝国」と呼ぶのがふさわしいのではないかと思います。実際、西ローマ滅亡をもって帝国の滅亡とするのが一般的です。

前七五三年にロムルスが建国し、奇しくも同名のロムルス帝によって幕が引かれるまで、ローマは一二〇〇年の歴史を刻んできました。王政という独裁政を経験したローマは、独裁を徹底排除するために共和政を打ち立て、五〇〇年の長きに渡ってその政体を維持してきました。しかし、民主政同様、共和政も規模が大きくなりすぎると、うまく機能しなくなる。そのため、帝政の基本は、共和政という看板を背負った「帝政」に転じていくことになったわけですが、ローマ人が何より嫌っていた独裁政です。その矛盾が、様々な問題を顕在化していくことになりました。

悪帝が立てば政治は混乱し、辛酸を舐めることになります。それでも強さと賢さとバランス感覚を併せ持った賢帝を擁することができれば、強力に改革を推し進め、国を繁栄させることができるということもローマ史は教えてくれています。残念ながら、賢帝は五代、八五年しか続かず、その後の一〇〇年は惨憺たる状態です。大混乱の軍人皇帝時代をようやく抜け出た先に待っていたのは、帝国の分割統治と再統一の繰り返しでした。

第二部の冒頭で紹介した丸山眞男の言葉通り、まさにローマ史には人類の経験のすべてが詰まっています。もちろん、そこには手本となるものも、反面教師として学ぶべきこともあります。しかし、これを座標軸として世界史を見渡せば、現在の政治の本質を理解する大きな手掛かりとなるはずです。

第三部 独裁は繰り返すのか？——グローバル・ヒストリーに学ぶ

第三部関連年表

一七七四	ルイ一六世が即位する（仏）
一七八九	パリ市民がバスティーユ牢獄を襲撃する（仏）
一七九一	国民議会で憲法が採択され、立憲君主政の基礎が成る（仏）
一七九二	ジロンド派がオーストリアに宣戦布告、共和制宣言（仏）
一七九三	ルイ一六世が処刑され、ロベスピエールの恐怖政治が始まる（仏）
一七九四	ロベスピエールが処刑される（仏）
一七九八	ナポレオンのエジプト遠征（仏）
一七九九	統領政府が成立し、ナポレオンが第一統領となる（仏）
一八〇二	ナポレオンが終身統領となる（仏）
一八〇四	ナポレオンが皇帝に即位し、第一帝政が始まる（仏）
一八一四	ナポレオンが退位し、ルイ一八世が即位する（仏）
一八一五	ナポレオンが復位するも、ワーテルローの会戦を経て、ルイ一八世が復位（仏）
一八六一	農奴解放令（露）
一八六六	普墺戦争

一八七〇	普仏戦争（〜七一）。ヴィルヘルム一世が初代皇帝となり帝国が成立（独）
一八七八	ビスマルクがベルリン会議を主催する
一八八八	ヴィルヘルム二世が帝位に就く（独）
一八九〇	ビスマルクが首相を辞任（独）
一八九四	ニコライ二世が即位する（露）
一九〇四	日露戦争（〜〇五）
一九〇五	血の日曜日事件。皇帝への信頼が失われ、革命の発端となる（露）
一九一四	第一次世界大戦（〜一八）
一九一七	革命によりロマノフ朝が崩れる。レーニンがソヴィエト政権を樹立する（露）
一九二〇	ドイツ労働者党が国家社会主義ドイツ労働者党（ナチ）に改組される（独）
一九二一	国家ファシスト党が組織される（伊）
一九二二	ムッソリーニのローマ進軍、ファシスト党政権の成立（伊）。ソヴィエト連邦成立（露）
一九二四	レーニン死去。スターリンの暴政が始まる（露）
一九二五	ムッソリーニが議会で独裁を宣言（伊）
一九二九	世界恐慌。ファシスト党が総選挙で全議席を獲得（伊）。トロツキー追放（露）

一九三三	ヒトラー内閣が成立（独）
一九三四	ヒトラーが総統となる（独）
一九三六	スペイン内戦（〜三九）。スターリン憲法制定（露）
一九三九	第二次世界大戦（〜四五）
一九四三	ムッソリーニが幽閉されるも、ドイツ軍部隊により救出される（伊）
一九四五	ムッソリーニ処刑（伊）。ヒトラー自殺（独）
一九五三	スターリンが死去し、粛清の実態が明らかになる（露）

第10章　革命と「恐怖政治」

中世ヨーロッパにさかのぼる絶対王政

前近代は、基本的に独裁政が当たり前の時代であったと述べました。古代ギリシアの民主政や古代ローマの共和政は、むしろ例外的だったのです。では、王権が制限されるようになった近代以降、独裁者は鳴りを潜めたのか。そんなことはありません。第三部では、近代以降に現れた独裁者について考えてみたいと思います。

最初の舞台はフランスです。一七八九年に革命が勃発する前のフランスは、最高権力者である国王が法に縛られない「絶対王政」でした。

そもそも中世ヨーロッパには、一方にローマ・カトリック教会、もう一方に神聖ローマ帝国があり、いわば聖俗二つの権力が強弱をつけながら対抗していた世界といえます。もともとは、ローマ・カトリック教会が各国の王権を超越するような支配力を持っていました。ところが近代に入ると、旧来の貴族層に加えて商工業で財を成した新興ブルジョワ層が登場し、古い貴族と新たな富裕層、古いものと新しいものが拮抗しながら並存し、どちらも突出できない状況の中で絶対王政的なものが生まれてきました。それが一七〜一八世紀のヨーロッパの概況です。

当時の最高権力者は、法に縛られていないので「立憲君主」ではありません。たとえ法の縛りや様々な規制があったとしても、有無をいわさず独裁的な力を発揮していたという意味では、完全な独裁政といっていいでしょう。

古代ローマのカエサル時代と似通った部分があります。第二部で見た通り、本来、ローマには共和政の伝統が根強くあり、それが最高権力者にとっては一種の縛りとなっていました。ところがカエサルは、そうした伝統や法慣習にとらわれることなく、自分の発言こそが法律だと語ったともいわれます。悪くいえば共和政というローマの伝統を踏みにじったわけで、共和政の看板を下ろしてはいないものの、カエサル時代のローマはほとんど独裁政でした。

絶対王政を揺るがした「啓蒙思想」

フランス革命の前史をおさらいしておきましょう。

アンリ四世に始まるブルボン朝は、徐々に絶対王政の基礎を固め、「太陽王」と呼ばれたルイ一四世の時代に最盛期を迎えました。重商主義政策で国力を充実させ、贅を極めたヴェルサイユ宮殿を建て、ヨーロッパ宮廷文化を牽引《けんいん》していきます。ところが、七年戦争でオーストリアに加勢したり、アメリカ独立戦争に参加したりしたこともあって、フランスの財政状況は次第に悪化します。ルイ一六世が、財政再建のため特権階級に課税しようとしたことが反発を招き、いわゆるフランス革命へと発展していきました。

フランス革命というと、贅沢三昧の王に不満を募らせた民衆が蜂起して、自由と平等を勝ち取ったというイメージが強いと思います。しかし、そもそものきっかけを作ったのは特権階級の貴族だったのです。

彼らは、王の特権を制限し、自分たちの発言力を高めるべく、実に一七五年ぶりとなる「三部会」の召集を政府に要求します。三部会とは、第一身分である聖職者、第二身分の貴族、第三身分の平民で構成される身分制議会です。各身分が同等の議決権を持っていたため、貴族たちは「聖職者と組めば難なく要求を通すことができるはず」と高をくくっていたのでしょう。

しかし、国民の九割を占める第三身分の代表者であるブルジョワジーが、身分ごとに各一票という議決方法に反発します。第三身分が独自に「国民議会」を発足させたことで、事態は思わぬ方向に動き始めました。こうした動きを強力に後押ししたのが、当時フランスで急速に広がっていた「啓蒙思想」です。キリスト教的な世界観や封建的な社会のあり方を批判し、人民の自由平等を説いた啓蒙思想は、民衆の意識を大きく変えはじめていました。

「朕は国家なり」で知られるルイ一四世の時代は、すべてが王の意思で決定されていました。しかし、続くルイ一五世・一六世の時代になると、民衆の間に「自分たちに関わることは自分たちで決めたい」「少なくとも、王は民衆の意思や希望を踏まえて意思決定すべきだ」という考えがじわじわと浸透していきました。

だからといって、彼らは王政打倒を目指していたわけではありません。この時点で議論されていたのは「王政はいかにあるべきか」ということであり、民衆が求めていたのは王政の改革でした。

そのことは、フランス革命前に頻発していた食糧暴動を見ると明らかです。地球規模の天候異変によって飢えに苦しんでいた民衆が（ちょうど同じ頃、日本でも天明の飢饉が起きています）食糧を略奪したといわれてきましたが、詳しく史料を紐解いていくと、実は略奪した食料を安価で配布していたのです。

もちろん、なかには食糧倉庫を襲って略奪する人もいたと思いますが、暴動の主眼は「本来はこれくらいの価格で売るべきものなのに、誰かが価格を吊り上げて、べらぼうに儲けている」という現状を正していくことでした。王は穀物をはじめとする食糧を、民衆にとってリーズナブルな価格に統制すべきだという意識が芽生えていたわけです。この暴動には「民のモラル」が表れているといっていいでしょう。

革命勃発！

フランスの民衆が求めていたのは、拙速な民主化ではなく、絶対王政から立憲君主政への移行でした。王は国民の総意の上に王権を認められているのだから、法に従って民衆の意思を十分に踏まえた政治を行うべきだ、というわけです。

貴族のやり方に納得できない第三身分の人々は、独自に国民議会を立ち上げましたが、ルイ一六世は武力で議会に圧力をかけます。これは彼自身の意思というより、自分たちの発言力を高めたい特権貴族に動かされてのことでした。自分たちへの課税を白紙に戻したくて三部会を召集させたのに、国民議会が力を持ってしまうと都合が悪かったのです。

しかしパリの民衆は、絶対王政の象徴とされていたバスティーユ監獄を襲撃して、これに対抗します。その後、王の譲歩を引き出すと、立憲君主政の礎となる憲法（一七九一年憲法）が公布されています。

その直前、国王は妻マリー・アントワネットの実家であるオーストリアに一家で逃亡を図っています。「ヴァレンヌ逃亡事件」と呼ばれるこの脱出劇は失敗に終わり、国王の権威は地に落ちます。これが、革命という爆弾の導火線に火をつけることになりました。

ルイ一六世は、基本的には善良な人だと思います。優秀な人材を登用して体制改革を行おうともしていました。イギリスの歴史家ギボンの『ローマ帝国衰亡史』を翻訳し、フランスの啓蒙思想家が編んだ『百科全書』を読むなど、読書家としての顔も持ち合わせていました。しかし、贔屓目に見ても気弱で、お人好しだったことは否定できません。優柔不断だった彼の性格が致命傷となりました。

立憲君主政への移行は避けられない——そのこと自体は、おそらく彼も了解していたはずです。それを受け入れる覚悟が、土壇場で揺らいでしまったのでしょう。

ヨーロッパ諸国の王侯は婚姻関係で複雑につながっているので、ゆかりのある国に逃れれば、そこで援軍を得てフランスに舞い戻り、革命を鎮圧できるかもしれない。それが叶わなくても、少なくとも自分たちは安泰でいられる。そのように甘く考えていたのではないでしょうか。

実際、イギリスのジェームズ二世は、名誉革命の際にルイ一四世を頼ってフランスに亡命し（一六八八年一二月）、フランス軍の支援を得て再起を図っています（結局、イギリス軍との戦いに敗れてフランスで客死していますが）。

もしヴァレンヌ逃亡事件がなかったら

念入りに変装し、国民の目を欺いて国外逃亡しようとした国王一家は、あえなくパリに連れ戻され、テュイルリー宮殿に幽閉されます。

この一件は、フランスの内政問題を国際問題へと発展させる結果となりました。マリー・アントワネットの兄であるオーストリア皇帝レオポルト二世と、プロイセン王フリードリヒ・ヴィルヘルム二世がピルニッツ宣言を出し、ルイ一六世に危害を加えるようなことがあれば、フランスに進軍して干渉する用意があるといってきたのです。

フランスの国王一家を守るためではありません。諸外国は、フランスに興った革命の動きを、王政の危機ととらえていました。革命の気運が自国に飛び火する前に武力で抑え込もうとしたのです。

あの時、ルイ一六世が逃亡事件を引き起こさなかったら、その後のフランスの歴史はずいぶん違ったものになっていたはずです。幕末の徳川慶喜と比較すると分かりやすいでしょう。鳥羽・伏見の戦いで旧幕府軍が敗れると、大坂城にいた慶喜は自分だけこっそり船で江戸に逃げ帰っています。それで大層評判を落としたわけですが、「慶喜の判断は正しかった」とする研究者もいます。

もし慶喜が大坂城に留まって陣頭指揮を執っていたら、かなりの規模の戦いに発展したはずで、そうなれば、日本を狙う諸外国にも付け入る隙を与えることになる。それを避けるために慶喜は敢えて敵前逃亡し、江戸・寛永寺に籠って新政府軍に恭順の意を示したのではないかというのです。

無血開城後、上野の戦いや会津など東北での戦いはありましたが、フランス革命と比べれば、明治維新ははるかにスムーズにいきました。他方、民衆の怒りを買ったルイ一六世は断頭台の露と消え、そのことが王党派と革命派の対立を先鋭化し、凄惨な粛清を招くことになってしまいました。

慶喜の処遇を間違えば、そうした展開になりかねないと明治政府は分かっていたのでしょう。慶喜を大した罪にも問わず隠棲させ、のちに公爵に叙し、貴族院議員として政界復帰さえも許しています。その結果、明治日本はスムーズに立憲君主政へと移行しました。徳川家はじめ諸大名たちも、若干の例外を除けば、ほとんど傷つかなかったといえるでしょう。

しかし歴史を見ていくと、大激動が起きたあとはどうしても振り子が大きく振れてしまうものです。それがだんだん収まって「中庸」に着地していくわけですが、その過程では、弾圧や処刑などといった凄惨な事件も起きがちです。フランス革命の場合、大激震ののちに共和政から帝政へ、そしてまた共和政へという揺り戻しを繰り返すこととなります。

それを考えれば考えるほど、ルイ一六世にもう少し決断力があって、うまく立憲君主政に移行すれば、歴史は違ったのではないかと考えざるをえません。歴史に「もしも」は禁物ですが、ヴァレンヌ逃亡事件がなければ、フランス革命が血で血を洗う凄惨な事態に陥ることも、もしかするとナポレオンが登場することもなかったかもしれません。

ジャコバン派独裁の恐怖政治へ

しかし現実には、国王の逃亡未遂と諸外国からの干渉宣言を受けて、フランス革命は大きく、過激なうねりへと発展していきました。

議会では、穏健なかたちで「立憲君主政」への移行を目指したフイヤン派と、王政を廃して「共和政」への移行を目指すジロンド派が対立。ジロンド派は一七九二年四月にオーストリアに宣戦し、反革命的な諸外国の圧力をはねのけようとするものの、かなりの苦戦が続きます。

フランスが危機に陥っていく中で、国王やその取り巻きが外国に通謀してさまざまな情報を漏らしているのではないかという疑心暗鬼も高まっていきます。かくして「革命の敵」への攻撃は、さらに先鋭化していくことになります。

革命派は、オーストリアなど外国からの干渉に対抗すべく、全国から義勇兵を募ります。ジロンド派はブルジョワ層の支持を得ていましたが、より過激なジャコバン派は、義勇兵として結集した「サン・キュロット」の武力を背景として、権力を握っていきます。「サン・キュロット」とは、直訳すれば「キュロット（＝半ズボン）をはかない人」。貴族たちがはいていた半ズボンに反発し、長ズボンに誇りを持つ人々につけられた呼称です。

そしてジャコバン派の指導によってサン・キュロットたちが蜂起。ルイ一六世が住まうテュイルリー宮殿を攻撃して、国王一家を幽閉するに至ります（八月一〇日事件）。

この結果、王権は停止されます。前国王（ルイ一六世）の裁判を巡ってジロンド派とジャコバン派が対立しますが、ルイ一六世が外国と通謀していたとされる証拠が見つかり、一七九三年一月にルイ一六世が処刑されます（同年一〇月には王妃マリー・アントワネットも処刑）。ルイ一六世の処刑は、周辺諸国に大きな衝撃を与えました。

また、フランスの義勇兵たちは、対オーストリア戦争でも勝利を重ねるようになります。まず、一七九二年九月に、フランス東北部の小村ヴァルミーでオーストリア・プロイセン連合軍を撃破し、さらに同年一一月にはベルギー領のジェマップでオーストリア軍を破ります。周辺諸国が「第一回対仏大同盟」を結成（一七九三年三月）すると、フランスは周囲を敵に囲まれる事態になりました。

この状況下、一七九三年五月にジャコバン派はサン・キュロットの武力を用いて、ジロンド派を議会から追放。かくして、ジャコバン派の「独裁」が成立するのです。

ジャコバン派の中心人物であるロベスピエールは、革命の敵を弾圧する公安委員会を掌握し、王党派からジロンド派まで、邪魔者は誰彼かまわず処刑していきます。やがて、革命に批判的な勢力はもとより、慎重な姿勢を示した人や、自分に意見する派内のメンバーにすら「反革命」のレッテルを貼って次々と粛清していったのです。

さらにジャコバン派は、それまでフランスの権力構造の一部を成していたキリスト教会も徹底的に弾圧します。一七九三年一一月にはミサが禁止され、多くの教会も閉鎖。さらに、キリスト教の神を否定して理性を崇拝する「理性の祭典」や「最高存在の祭典」などというものまで挙行されました。

ロベスピエールは民衆の生活を守るために物価統制令を発布したり、土地改革を実施したり、また外敵に対抗すべく国家総動員を宣言して徴兵制度を実施したりしていますが、ジャコバン派が主導権を握っていた時代のフランスは、もはや共和政ではなく、一党独裁の恐怖政治です。

この恐怖政治で、フランス全土で数万人が犠牲になったといわれます。

やがて、度が過ぎた弾圧への反発が高まり、ロベスピエールも一七九四年七月二七日に断頭台で処刑される結果となってしまいました（テルミドール反動）。

対抗勢力を許したカエサル、粛清したロベスピエール

革命家ロベスピエールは、なぜ恐怖の独裁者と化したのでしょうか。疑問に思う人もいるでしょう。

もしかするとロベスピエールは、ローマ時代のカエサルに範を取ろうとしたのかもしれません。カエサルは共和政を表看板に掲げながら、その実、独裁的なかたちで国家運営を図っています。帝国が大きくなりすぎて、共和政のシステムではうまく運営できなくなっていたからです。

革新・改革をしようとするときに、「これでは生ぬるい」という過激な意見が説得力を持ち、そのような勢力が権力を握って運動の中心になる。あるいは、従来の穏健な方法では事態を打開できないとなると、極端な方法で壁をぶち破ろうとする。このようなことは、歴史の中では絶えず繰り返されてきたことです。

ただしカエサルは、反対派をむやみに処刑したりはしませんでした。反対勢力も、自分の立場を脅かすような政敵に対しても、それなりに恭順の姿勢を示せば許して受け入れることを何度もやっています。

一方のロベスピエールは、「理想」を掲げて対立と分断を先鋭化させ、敵と味方を峻別《しゅんべつ》して自分にとって不都合な人間に「反革命的」というレッテルを貼り、それだけを根拠に片っ端から処刑していきました。敵に対しても「クレメンティア（慈愛、寛容）」をもって向き合ったカエサルと、「恐怖なくして徳は力を持たない」と語ったロベスピエール。ここが二人の決定的な違いだと思います。

ジャコバン派がカエサル時代のローマを革命のモデルにしていたことは、コンスルをはじめとする、共和政時代のローマの役職を採り入れていることからも分かります。ジャコバン派が革命暦（共和暦）を制定したのも、おそらくカエサルが作ったユリウス暦を意識してのことでしょう。

民衆には人気があったものの、多くの政敵を作ることになったという点もカエサルと似ています。

民衆の支持に立脚する、あるいは民主政の理念を実現する場合、原則的には、人の数と同じだけの意見をすべて満足させなければなりません。これは、なかなか難しいことですから、その混迷を収拾するために、ある時期、独裁政的なものが生まれてくるのは、やむをえない面があるのかもしれません。

収拾のつかない場面になればなるほど、強力な力や資金を持った人物が意見を押し通していく――これは国家だけではなく、どんな社会や集団でもついてまわることでしょう。

しかしこれは当然、強烈な反発や反動を伴うものでもあります。

カエサルは実権を握って五年ほどで暗殺され、ロベスピエールも、独裁的権力を手にして二年で処刑台の階段を昇っています。独裁者カエサルの末路を知らないはずはないのに、なぜ彼は粛清をやめられなかったのか。あるいは「ブルトゥス、お前もか」の二の舞にならないよう、殺られる前に殺らねばと考えていたのかもしれません。

なぜ独裁は排除できないのか

政敵を粛清しすぎて、最後は自分も粛清されてしまったロベスピエール。独裁者の出現を恐れたフランスは、五人の総裁を選んで権力を分散させる集団指導体制を敷きます。これは、共和政下のローマで、最高権力者であるコンスルを常に二人置いていたことを想起させるシステムです。

しかし、このシステムも長くは続きませんでした。フランスは新たな独裁者の出現を許すことになります。革命派の軍人として頭角を現したナポレオン・ボナパルトがクーデター（ブリュメール一八日）を起こし、総裁政府を倒して、自身を単独の統領とする統領政府を作ったのです。

絶対王政からの脱却を目指し、一〇年に渡って繰り広げられたフランス革命は、ナポレオンの登場をもって終止符を打つことになりました。絶対王政という独裁も、独裁的な恐怖政治も排除しようと頑張ってきたはずなのに、なぜフランスはナポレオンを皇帝に戴くことになったのでしょうか。

それは、フランス国民が、社会秩序を安定させてくれる強いリーダーの出現を求めていたからだと思います。

複数のリーダーが合議によって自由平等の理念を実現し、民主的に国家を運営していくことができればいいのですが、ローマ時代の三頭政治が実証している通り、そこに意見や利害の不一致が生じるのは必定です。すると、より大きな権力をもって自分の意見を通そうする独善的な人間が出てきて、混乱状態に陥ってしまう。船頭多くして船山にのぼるような状態になると、混迷する政局を打開してくれる強力なリーダーが要請される——これも歴史の中で何度も繰り返されてきたパターンです。

古代ギリシアのアテネを思い出してください。国政の中心にいた貴族同士の争いが激化し、政治的リーダーであるアルコンを選ぶことすらできない状態に陥ったとき、強力な指導者として「僭主」が現れています。僭主は、力ずくで政権を掌握した独裁者にほかなりませんが、それを支持したのは、派閥争いに明け暮れる貴族の身勝手や、貴族政による少数指導への不満を募らせていた平民たちでした。

独裁者ナポレオンは、穏健路線の立憲君主

革命前の絶対王政、革命政府というジャコバン派による恐怖政治、そしてナポレオンの帝政。フランスは一八世紀に三つの独裁を経験しました。といっても、その内実は大きく異なります。

先述した通り、絶対王政は「法に縛られない独裁政」です。前近代の独裁は、ほとんどがこのタイプです。なかでもルイ一四世は、法に縛られない独裁者の典型といえるでしょう。すべては王の意のまま。法を超越した絶対的存在として君臨していました。

ロベスピエールやナポレオンが絶対王政の最高権力者と決定的に違うのは、彼らが啓蒙思想やフランス革命の理念を身につけていた点です。独裁的に物事を進めるにしても、彼らには、自分たちの独裁を正当化する名目が必要でした。

だからこそロベスピエールは、自分が理想とする政治を実現する上で邪魔な人間に「反革命」というレッテルを貼り、それによって粛清を正当化しようとしたのです。

ナポレオンは、ジャコバン派の轍を踏まないよう穏当な手段を選んでいます。一七九九年に統領政府を作りますが、終身統領となったのは、その三年後です。さらに二年を置いて国民投票を実施し、選挙によって皇帝の座に就いている。つまり、立憲君主政的な手続きを踏まえて最高権力者となることで、自らの地位を正当化したわけです。

その一方で、皇帝となったナポレオンは、北はロシア、南はスペインまでヨーロッパ全土を巻き込む戦争を繰り広げ、フランスの支配・覇権を広げていきました。この時、ナポレオンはフランス革命の理念や人権思想を広めるというスローガン（名目）を掲げ、この侵略戦争を正当化しています。

このスローガンは、ナポレオンにとって単なる大義名分ではなかったのではないでしょうか。自分が革命思想の体現者となって諸外国にも広く浸透させたいという気持ちが、彼にはあったのだと思います。単なる絶対君主的なる者として君臨するというより、フランスの支配を広めることが、すなわち革命の理念を広め、絶対王政下にある諸国の民を解放することに繋がると信じていた気がします。

ただしその「革命」は、莫大な死者を生み出しました。ロベスピエールの恐怖政治で数万人が粛清されたと述べましたが、フランス革命期の粛清で死亡した人からナポレオン戦争の戦死者までを合計すると、二〇〇万人以上のフランス人が犠牲になったといわれます。当時のフランスの人口は二七〇〇万人ほどですから、その死者数はまことに甚大なものだったといわざるをえません。

ナポレオンによる侵略戦争を「革命の輸出」として捉える見方もありますが、より大きなかたちで後世に残したのは「国民国家」意識だったように思われます。

ヨーロッパの人々は、ナポレオン率いるフランス国民軍に侵略されるまで、自分がドイツ人であるとか、イギリス人やロシア人であることを、実はあまり意識していませんでした。しかし、言語や歴史・伝統といった文化的アイデンティティを共有しないフランス人に支配されたことで、「自分たちはフランス人ではない」「フランス人に支配されるいわれはない」という反発心が芽生え、同じ国民同士の連帯や、自分たちの国は自分たちで治めるべきだということが強く意識されるようになったのです。

その典型がドイツです。ドイツは多くの領邦国家に分かれていましたが、ナポレオン戦争を機に、統一されたドイツ人の国民国家を建設しようという気運が高まり、プロイセンが中心となって、この大事業を成し遂げます。そこに誕生したのが、プロイセン王ヴィルヘルム一世を皇帝に戴くドイツ帝国です。

次章では、このドイツ帝国の政体を、宰相ビスマルクの手腕を軸に見ていくことにしましょう。

第11章 「良い独裁」の光と影

鉄血宰相は本当に「鉄血」だったか

ナポレオン戦争は、ヨーロッパ各地でナショナリズムを芽生えさせました。一九世紀には「国民」意識の広がりを背景に、国民国家の形成が進みます。その中で一歩後れをとっていたのがドイツでした。現在のオーストリアも含めた広範囲のドイツ語圏には領邦国家が多数あり、どこまでを「ドイツ」として統一するかで揉めていたのです。

イタリアは、一八六一年にサルデーニャ王国が中心となって統一を達成し、サルデーニャ王ヴィットーリオ・エマヌエーレ二世が統一国家の王となりました。ベルリンを首都とするプロイセン王国のヴィルヘルム一世が、オットー・フォン・ビスマルクを首相に抜擢したのは、その翌年のことです。

ビスマルクの使命は、ドイツ統一を主導し、統一国家においてもプロイセンが主軸となる体制を構築することでした。イタリアから遅れること一〇年、ビスマルクはヴィルヘルム一世を初代皇帝として戴くドイツ帝国を誕生させ、彼自身も宰相としてその政治手腕を発揮していきます。

かつてビスマルクは「鉄血宰相」というイメージが強かったものです。ドイツ統一を成し遂げるのは「鉄と血」、すなわち武器と兵士であると演説したビスマルクは、プロイセンの軍国主義化を強力に推し進めました。また、内政でも極めて強硬な態度を取り、社会主義や共産主義を徹底的に抑え込んでいきました。戦後の数十年間、日本では社会主義の影響力が大きかったこともあって、ビスマルクの弾圧策がことさら強調された嫌いがあるように思えます。

しかし最近の歴史学では、ビスマルクには確かに強硬な面もあったけれども、それ以上に「先を読む」能力が非常に高かったことが評価されています。先を読んだうえで、独裁的権力をどのように振るうかを判断できた優れた人物だといわれているのです。

ビスマルクは、いかにしてドイツ統一を成し遂げたのでしょうか。イギリスやフランスといった強国に対抗できる国民国家を形成するには、ある程度の規模が必要です。かといって、やみくもに規模を追求すれば主導権争いが生じて空中分解しかねません。

ビスマルクはドイツ統一の主導権を握るため、同じく主導的立場を狙うオーストリアと一戦を交えて完勝し、統一ドイツから締め出します（普墺戦争。一八六六年）。さらに、南ドイツの国々の統合を妨げていたフランスと交戦し、ナポレオンの甥ナポレオン三世が率いるフランス軍に完勝します（普仏戦争。一八七〇～七一年）。かくして、ドイツにおけるプロイセンの優位は確かなものとなり、ドイツ帝国が誕生するのです。

注目すべきは、いずれの戦争もビスマルクが巧みに相手を挑発し、相手のほうから宣戦布告させたことです。プロイセンからすれば、自国を守るための防衛戦というかたちに持ち込んだのです。これが統一に向けた気運とプロイセンの求心力を高めることになったことは間違いないでしょう。

ビスマルクの巧みな手腕

ビスマルクが悲願としていた統一国家ドイツ帝国が誕生したのは、普仏戦争でフランスを破った直後の一八七一年のことです。プロイセン王がドイツ皇帝位を世襲し、プロイセンの首相、つまりビスマルクが帝国宰相を兼ねる「立憲君主国家」となりました。

ドイツ帝国は議会政の体裁こそとっていましたが、皇帝と、彼を補佐する宰相の権限が圧倒的に強く、実質的には独裁政といえます。上院に相当する連邦参議院の議長は宰相が兼任し、議員数でもプロイセンがほかを圧倒していました。下院にあたる帝国議会は普通選挙が導入されていましたが、議会は法律を審議するのみで、実質的な決定権はありませんでした。

国民国家としては後進のドイツ帝国が生き残るには、何より安全保障の確保が急務でした。特に普仏戦争でプロイセンに敗れたフランスの復讐《ふくしゅう》は、何としても阻止しなければなりません。

しかし、そこでビスマルクが選んだ戦略は、ローマのような先手防衛ではなく、外交によってフランスの外堀を埋めるものでした。

まずビスマルクは、フランスを孤立させるために、一八七三年にドイツ、ロシア、オーストリアで三帝同盟を結成します。さらに一八八二年には、ドイツ、イタリア、オーストリアで三国同盟を結んでいます。しかもイギリスとも良い関係を築きます。ヨーロッパに外交ネットワークを張り巡らせることで、フランスがどこの国とも同盟を組めないようにし、また、同盟国の中から突出して強大化する国が現れないよう、周到に対策していたのです。

国内においては、帝国運営に反発するカトリック勢力を弾圧。さらに、工業化による経済発展を背景に、労働者の解放を目指す社会主義運動が高まりを見せると、社会主義者鎮圧法を制定して引き締めを強化しています。

これだけを見ると、冷徹な独裁者に見えます。しかしビスマルクは、反体制的な社会主義運動を弾圧する一方で、世界史上初の社会福祉政策を実施しています。疾病《しっぺい》保険や養老保険といった社会福祉を「主義」としてではなく、「政策」として採り入れたのです。これは、ある意味で穏健な社会主義化といえるでしょう。

中庸を心得た良識ある「独裁者」

第4章の最後で「中庸を心得よ」という古代ギリシアの戒めを紹介しましたが、ビスマルクは、そのような資質を持ち合わせた人物だったように思われます。

ビスマルクは強硬な面も見せつつ、国内外の様々な情勢や利害の対立に注意深く心を配り、バランスを取ることに腐心しています。そもそも、内政においても外交においても、ビスマルクが一貫して目指していたのは「現状維持」でした。普仏戦争でフランス軍に大勝した時も、その領土を根こそぎ奪うのではなく、講和に持ち込んでいます。国境を侵されなければそれでよしとしたのも、社会主義者を弾圧する一方で政策として社会福祉を整備していったのも、中庸の発想といえるでしょう。

一八七七年から翌年にかけての露土戦争（ロシアとオスマン帝国との戦争）に勝利したロシアがバルカン半島に権益を拡大すると、欧州列強の間で緊張が高まりました。ここでビスマルクは「公正な仲介人」として調停に乗り出し、一八七八年にベルリン会議を開催します。

その折に、ビスマルクはイギリスのディズレーリ首相に、こう訊ねたそうです。

「あなたの国では、相変わらず競馬が流行《はや》っているのですか？」

ディズレーリ自身が競走馬の馬主でもあったので、「わが国では相変わらず、みんなが盛んにやっています」と答えました。するとビスマルクは「いやあ、それはいいですね」といいます。そこでディズレーリが「何がいいのですか？」と聞くと、ビスマルクはこう答えたそうです。

「競馬が流行るような国では、社会主義がはびこらない」

ユーモアを交えながら話を進めていくビスマルクの才能が、相当なものだったことをうかがわせます。

三十代の若きビスマルクは、文章をやすやすと読み、いつも男っぽい身なりをしていて、物怖じせず、非常に落ち着いて馬に乗って狩りをして、その獲物を正確にさばいたといいます。酒も相当に強く、ほかの人を酔いつぶしてしまうほどでした。性格的に男っぽい部分を持っていたことは間違いありませんが、しかし一方で、実に繊細に色々なものを見ている人でもあったことは、今まで見てきたとおりです。

肖像画を見るとビスマルクはなかなかの強面《こわもて》ですし、彼が手にしていた権力はかなり大きなものでしたが、中庸を心得た、かなり良識のある「独裁者」だったと思います。その点は、もっと評価されてもいいのではないかと思います。

「短気王」ヴィルヘルム二世の暴走時代へ

しかし、独裁政の「光」は、容易に「闇」に一転します。

国民国家として統一が達成された以上、さらなる軍事力を備えて覇権を拡大していくのは、かえって危険である——ビスマルクはそのことに気づいていました。ところが、ヴィルヘルム一世の死後、即位直後に死去したフリードリヒ三世を経て、二九才で帝位を継いだ孫のヴィルヘルム二世は、ビスマルクとは正反対の「世界政策」を展開していきます。

即位から二年後にはビスマルクを辞職させ、海軍を増強して植民地の獲得に野心を燃やします。その結果、植民地開拓で先行するイギリスやフランスと敵対するようになり、バルカン問題を巡ってはロシアとも激しく対立。このヴィルヘルム二世の世界政策は、やがて第一次世界大戦を招くことになりました。

ヴィルヘルム二世は、幼い頃から短気で勝気な人物でした。母ヴィクトリアにさえ「高慢なエゴイスト」と嫌悪された人物です。短気な上に独断的で、世辞追従にめっぽう弱い彼の性格をよく知るビスマルクも、彼が帝位を継ぐことになればドイツは危ういと案じていました。

プロイセン時代から数えると約三〇年も務めた宰相職を離れた時、ビスマルクは「ヨーロッパでもう一つ戦争があるとすれば、バルカン諸国での馬鹿げた出来事からだろう」という言葉を残しました。これは、第一次世界大戦を予見した発言とされています。実際、この大戦の発端となったのは、サラエボで起きた、セルビア人によるオーストリア皇太子暗殺事件でした。

一九一四年から四年間続いた戦争を、私たちは第一次世界大戦と呼んでいますが、開戦当初、あれほど熾烈な戦いになるとは誰も思っていなかったはずです。同盟国であるオーストリアがセルビアに宣戦布告すると、ドイツはセルビアの背後にいるロシアに対して宣戦布告。ロシアに強い対抗心を燃やしていたヴィルヘルム二世は、ドイツの底力を見せてやるといわんばかりに戦争に深入りし、やがてイギリス、フランス、さらにはアメリカも敵に回して疲弊していくことになりました。

強国思想、覇権拡大の野心を抱いていたヴィルヘルム二世の短気で好戦的な性分が災いしたことは確かですが、彼の世界政策を国民が支持・同意していたということも見逃せません。フランスの歴史人口学者エマニュエル・トッドは『「ドイツ帝国」が世界を破滅させる』（文春新書）と題した著書で、隷属するか支配するかの歴史を歩んできたドイツ人の強国願望、自らの民族の優位性を信奉する気質を指摘しています。

ドイツによって痛い目に遭わされることが多かったフランス人の指摘ではありますが、トッド自身は決してドイツ人を毛嫌いしているわけではなく、「ドイツ」というものを冷静に見ているように思われます。アングロサクソンの人々がロシアに対する警戒心ばかりが強くてドイツを軽く見がちな傾向に対して、彼は警告しているわけです。

ビスマルクとヴィルヘルム二世という二人の独裁者は、まさにドイツ帝国の光と闇。政策も性格も、ポジとネガほど対照的でした。ビスマルクは、ヴィルヘルム二世がドイツを望まない戦争に導く危険性に気づいていましたが、民衆の目には強くて頼もしい皇帝としか映らなかったのです。

国民の熱狂を受けて暴走したヴィルヘルム二世は、戦況が悪化し、敗北が決定的になるとオランダに亡命します。ドイツ帝国は降伏し、半世紀足らずで、あえなく滅亡することになりました。ドイツ人の強国願望は、第一次世界大戦における大敗で一旦は影を潜めますが、ヒトラーの時代に再び頭をもたげてきます。二度あることは三度も四度も繰り返す――これこそが歴史の教訓です。

共和政ならば世界大戦は防げたか

最近の研究では、第一次世界大戦中、ドイツを筆頭とするあらゆる国が夢遊病者のようで、自分たちが何をやっているのか自覚がなかったといわれます。確かに、あれほどの総力戦を展開する目的が今となっては釈然としません。亡命したヴィルヘルム二世も、自分の決断のどこに誤りがあったのか分かっていなかったと思います。

彼は本当の意味での独裁者でした。「本当の意味」というのは、自身の決断や言動を吟《ぎん》味《み》したり、反省的に検証したりするチェック能力が欠落していたからです。そのことをビスマルクは見抜いていました。

ビスマルクの路線を踏襲していれば、ドイツは無為な大戦でヨーロッパを二度も荒らしまわることはなかったかもしれません。あるいは、一八七一年に統一国家となったドイツが、より共和政的な政体を選んでいれば、二〇世紀の世界史はまったく違うものになっていたでしょう。

共和政は、ある種のチェック機能を内蔵した政体です。歴史に造詣の深い直木賞作家の中村彰彦氏と対談した際、古代ローマと江戸時代の日本を比較して、どちらも優れたダブルチェック機能があったことが、両方の体制が長く続いた大きな要因の一つだと論じ合いました。古代ローマと江戸の比較検討は重要な視点だと、あらためて実感した機会でした。

民主的な社会においても、熱に浮かされたように戦争へと突入していくケースはあります。民主政を徹底すれば戦争は避けられる、というのは思い違いです。しかし、独裁政、民主政、貴族政の要素が三つ巴になって互いの暴走をチェックし、牽制する機能を備えた共和政には、「悪政・苛政」を避ける知恵が含まれています。

もともとドイツ帝国は立憲君主政の顔をした独裁政でしたが、ヴィルヘルム二世はビスマルクを辞職させたのち、皇帝が政治を行う「親政」に転じて権力を強化しています。議会はもとより、後任の歴代宰相も皇帝の独裁に対する抑止力とはならず、なかには自分を「閣下の手足」と語る宰相すらいました。

もちろん、共和政であっても独裁的な指導者が出てくる可能性はあります。実際、一九世紀フランスは共和政と帝政を何度も繰り返していますし、二〇世紀フランスのクレマンソーやド・ゴールも、かなり強硬な政治を行っています。しかし、それはあくまでも「共和政」という枠を逸脱しない範囲でのことです。共和政という枠をはめることで、そこに現れる独裁者にも、なにがしかのチェックが働くことは間違いありません。

第12章　なぜロシアでは独裁が続くのか

独裁の歴史が長いロシア

　近代以降のヨーロッパで、最も長く独裁を続けてきたのはロシアです。

　一六世紀以降、第一次世界大戦途中まで皇帝（ツァーリ）による帝政が続き、打倒ツァーリズムの革命を経て、ボリシェビキ（ロシア社会民主労働党の多数派）の指導者レーニンが「プロレタリア独裁体制」を確立します。

　これを継いだスターリンは政敵を次々と粛清し、実に三〇年に渡って独裁的権力を握り続けました。スターリン後に登場したフルシチョフやブレジネフも、社会主義独裁路線を踏襲しています。そして現大統領も——なぜロシアでは、これほど長く独裁が続いてきたのでしょうか。

　プロイセン出身の思想家カール・マルクスは、資本主義が高度に発達すると、その最終

（最高）段階として社会主義・共産主義社会が現れると考えていました。いずれ現れる共産主義社会として彼が想定していたのは、イギリスやフランスです。

ところが実際にはそうはなりませんでした。東欧圏以外の国々では、資本主義政権が社会主義的な政策を採り入れることで労働者階級の反発を吸収し、マルクスが考えたような社会主義は根付きませんでした。イギリスがその典型です。あるいは前章で見た通り、ドイツのビスマルクも社会主義者を弾圧しつつ、いち早く社会福祉政策を採り入れて国家の安定を図っています。

マルクスの予想に反して、社会主義が開花したのはヨーロッパの中でも後進のロシアでした。領土的には大国ながら、経済的・文化的にはイギリスやフランスに大きく後れをとっていたロシアでは、一九世紀半ばに農奴解放が行われています。この裏には資本主義が未熟な段階における、富裕層と下級階層の対立があったことは間違いありません。

ただし、トルストイなどの例を見ると、地主階級にもそれなりに貧困層のことを配慮しようとする人々がいました。また、ナロードニキ運動（農村の中に入っていって、革命思想を広めていこうとする運動）などで有名なように、文化人や知識人たちの一部が民衆の中に入っていこうとする動きもありました。それらは、広い意味で社会主義的な考え方に基づいていたともいえるでしょう。

農奴解放以降、ロシアでも資本主義が発展しはじめますが、相変わらず苦境が続いた農村での生活状況と、一九〇四年に始まった日露戦争での相次ぐ敗北から不満は大きく高まり、一九〇五年には第一革命の動きが起きます。この革命では、農民や労働者たちの生活条件の改善とともに、議会開設、戦争の終結などが主張されました。貧困層の救済という動機に加えて、西欧諸国への対抗という機運もあったように思われます。

この第一革命の結果、当時のロシア皇帝・ニコライ二世はドゥーマ（国会）を開くことを約束し、一九〇六年には第一回のドゥーマが開かれます。しかし、権力をツァーリが握る構造は、大きくは変わりませんでした。

レーニンの強い情念

しかし、一九一四年に始まった第一次世界大戦が想定外に長引き、ロシアは各地の戦いで敗北を重ねて急速に窮乏し、再び革命機運が高まります。

このときレーニンが書いたのが『帝国主義論』です。レーニンは、独占資本主義の段階に到達した資本主義を「帝国主義」と定義し、その段階の国家すなわち帝国主義国家は、世界の利権の配分を巡って必然的に「帝国主義戦争」を起こすのだと唱えました。そして、愛国心から戦争に協力する社会主義者たちを批判し、帝国主義戦争の敗北の混乱に乗じて革命を起こすべきだと主張したのです。

もともとレーニンは、兄を革命運動のなかで殺されています。理論以前の問題として、「反政府運動によりツァーリの独裁政を倒す」ことが、彼の大きな情念になっていたはずです。

レーニンの目論見《もくろみ》どおり、ロシアは第一次世界大戦の疲弊に耐えられず、革命運動が高まっていきます。一九一七年二月には、デモやストライキ、兵士の反乱など民衆の蜂起が全国に拡大し、皇帝ニコライ二世は同年三月二日に退位（以上はユリウス暦による）。ドゥーマ（国会）では、立憲民主党を中心とした臨時政府が成立します。

スイスに亡命していたレーニンは、帝政崩壊の一報を受けるや即座に帰国します。この時、自分が政権を奪取して独裁政を敷くという、明確な意志があったかどうかは分かりません。しかし、立憲民主党を中心とした臨時政府の政策は、彼にとって我慢ならないほど生ぬるいものでした。そしてレーニンは、独裁も辞さない強気の姿勢で臨時政府と対峙していきます。

実はレーニンは、亡命先のスイスから戻る際に敵国ドイツと交渉し、その領内を通っています。ドイツからすれば、革命家を送り込めば敵国ロシアを弱体化させられるという思惑もあるわけで、当然のように「ドイツのスパイ」という批判を受けることとなります。臨時政府もそのことを追及し、レーニンは一時期、フィンランドへの亡命を余儀なくされています。

レーニンは、革命集団のなかで論争していくときに「弱気になってはいけない」という意志を明確に打ち出していたように思います。革命という混乱の渦中にあっては、少しでも弱気を見せれば淘汰されてしまうから、絶対に譲らない。そうした強固な思いは、レーニンの中にはあったのでしょう。

フィンランドに逃れた三カ月後、彼は変装してロシアに帰還します。その後、武装蜂起して臨時政府を倒し、ソヴィエト政権の樹立を宣言。しかし、最初の選挙でボリシェビキは議会第一党の座を獲得できず、再び武力を行使して議会を閉鎖してしまいました。

さながら古代ギリシアの僭主のように、かなり手荒い方法で議会政の芽をつぶしてしまったわけです。

ところがレーニンは、反対派を追放するなど様々なかたちで排除しつつも、過度な粛清は行わなかったといわれます。政策においても、それなりに譲歩を見せて、社会主義の完成より経済の立て直しを優先するようになっていきます。おそらくレーニンは、ヨーロッパの先進諸国に対抗していくためには、主義や理念を徹底するよりも、まずは民衆の生活レベルを少しでも上げなければならないと判断したのでしょう。

つまりレーニンは、革命の主導権争いの中で、独裁的に振る舞わざるを得なかったのだと思います。それでも極端な粛清に走らなかったのは、それがどういう結果を招くか、歴史から学んでいたからでしょう。フランス革命の指導者たちはローマに学んだといわれますが、ロシア革命を率いたレーニンの場合は、フランス革命から教訓を学んだ部分もあるはずです。

粗暴な独裁者スターリン

一方、そのような歴史の教訓など歯牙《しが》にもかけなかったのが、レーニンの跡を継いだスターリンです。

彼は、苛烈な粛清、つまり反対派の虐殺を繰り広げていきます。そうなることを予見していたのか、レーニンの遺書にはスターリンの粗暴な性格を指摘し、彼を更迭《こうてつ》して、もっと辛抱強く、誠実な人物を党書記長に据えるべきだと記されていたといいます。

絶対的権力を手にしたスターリンは、工業化と集団農営を断行します。スターリンは「飢餓輸出」を行ったといわれます。本来ならば国内で流通させるべき穀物や農作物まで輸出に回し、それによって得た資金を工業化に投入したというのです。当然、ソ連国内では飢饉が起こり、多くの人々が餓死せざるをえなくなりました。

また、農業の集団化の過程では、スターリンの政策に批判的な勢力を次々と粛清、旧態の農業で財をなした地主や貴族も弾圧のターゲットとなりました。富裕層・貴族層の存在は、共産の理念に反するばかりでなく、ヨーロッパの先進資本主義諸国とのつながりが深いため、他国の干渉を誘発しかねないと考えたのです。

政敵を排除するという行為は、世界史の中では決して珍しいことではありません。しかし政敵を殺害する「粛清」が好まれるわけもありません。古代ローマの五賢帝の一人であるハドリアヌスの評判が最後まで良くなかったのは、自分の政敵だった元老院貴族の数名を処刑したからでした。

しかし、スターリンが行った大粛清で落命した人の数は、数百万とも一千万にのぼるともいわれます。これほどの規模の虐殺を迷いなく行えたのは、レーニンが危惧した通り、スターリンの性格が大きく関わっていると思います。

常人には理解できない残虐性は、ヒトラーと相通ずるところがあるでしょう。第二次世界大戦後、ヒトラーのユダヤ人虐殺が明るみに出ると、そのショッキングな実態に世界中の非難が集まったため、スターリンの大粛清についてはあまり言及されませんでした。ソ連がその事実を封印していたということもあるでしょう。私が小中学生の頃の日本の共産主義者は、そんなことが起こっているとは知らず、スターリンを肯定的に評価し、無邪気にソ連万歳を叫んでいました。

状況が一変したのは、一九五三年にスターリンが他界して、ややあってからです。集団指導体制期を経てソ連の最高指導者となったフルシチョフは、党第一書記に就任して二～三年経った頃からスターリン批判を始め、そこで初めてスターリンによる恐怖政治と大粛清の実態が明るみに出たのです。日本をはじめ、世界中の共産主義者が受けた衝撃は計り知れません。

東西で異なる王権の強さ

スターリンは主義・理念に関係なく、気に入らない人間はすべて「抹殺すべき反社会主義分子」と断罪し、粛清していきました。彼は「社会主義」という理想を掲げていましたから、「理想実現の邪魔をする人間」や「革命の敵」は排除し、殺害してもいいという考えが頭のなかを占めていた部分もあるのでしょう。その点ではロベスピエールに近いものがありますが、粛清の規模は比べようもありません。

第二次世界大戦後、中国の文化大革命やカンボジアのポル・ポト政権でも、身の毛もよだつような虐殺が展開されました。こうした歴史を通覧すると、大虐殺は社会主義の産物、あるいは共産主義の宿命のようにも見えますが、そこには地域的な特性も大きく関わっているように思います。

古来、ユーラシア大陸の東に位置する国々のほうが、西側の国々よりも王権が強い傾向が見られます。

面白いことに、ユーラシアの西側では、時の権力者が積極的に民衆の前に姿を現し、演説したり喝采（時にはブーイング）を浴びたりしています。実際、ローマ皇帝は円形闘技場（コロッセウム）の貴賓席で試合を観戦し、なかには自ら試合に出る皇帝もいました。

一方、ユーラシアの東側では多くの場合、権力者は御簾の奥に座しており、権力者の姿や立ち居振る舞いが一般大衆の目に触れる機会はほとんどありません。中国の皇帝は故宮の奥深くに暮らしていましたし、日本でもかつての天皇はもちろんのこと、将軍に謁見できるのも、ごく一部の人に限られていました。

権力者が表に出てこない存在だったからこそ、呵責《かしゃく》なく独裁を行えたという面は否定できないでしょう。ロシアはヨーロッパに近いこともあり、革命中は民衆の前に現れて鼓舞したりもしていますが、西欧諸国と違って秘密主義的なところがあり、精神的・文化的土壌としては東洋に近いものがある気がします。

独裁を支持したロシアの民衆心理

ロシアでは、スターリン後も最高権力者の独裁権力が強く働きました。

有名なアネクドート（ロシアのジョーク）があります。フルシチョフ時代に、フルシチョフを馬鹿者呼ばわりした人がいました。それに対してフルシチョフは「そいつを捕まえて死刑にしろ」という。周囲の人が「なぜ、たかだか馬鹿者呼ばわりしただけで死刑になるのだ」と聞くと、フルシチョフは「国家最高の秘密をばらしたから」と答えたという話です。

考えてみれば、こうしたジョークが出てくるのも、独裁政を当たり前だと思っている社会だからではないでしょうか。

フルシチョフのあとも、やはりロシアでは一貫して独裁的な政治が続きます。プーチン大統領も、憲法を改正して終身大統領への道を開いています。こうした独裁を、民衆も心のどこかで許している——というより、民衆にとっては、むしろ独裁のほうが落ち着くという面があると私は思います。

ロシアは独裁の歴史があまりに長く、ツァーリズムの伝統が社会に染みついています。プーチン大統領の支持率などを見ても、強権の独裁を当たり前のように思っているふしが感じられます。ロシアに民主政や共和政がなかなか根付かないのは、そのためでしょう。

あくまで仮定の話ですが、たとえばロシア革命が起きたあとに「共和政」的な政体が生まれる可能性があったでしょうか。

私は、かなり難しかったのではないかと思います。その理由としてまず挙げられるのは、民主的なものや共和政的なものに対する知識が、一部の知識人にはあったかもしれませんが、民衆レベルにはほとんど欠けていたことです。民主政や共和政が根付くには、民衆の一定レベルの識字率や読み書き能力が必要です。たとえばフランス革命の場合、文字を読むことができる庶民層がルソーの著作に触れる可能性はありましたが、ロシアの場合、農民の八～九割はまったく字が読めなかったといわれます。ドストエフスキーやトルストイといった、世界文学史上にその名を刻む大文豪を輩出している国にも、このような実態があったことを見落としてはなりません。

ロシアで「共和政的な国家運営」を担える可能性があったのは貴族階級でしょう。彼らはフランスを中心とする西ヨーロッパが培ってきた学問や文化・教養を吸収し、ロシアで暮らしながらも会話はフランス語でするようなところがありました。

ところが、ロシア人による理想の社会主義国家構築を目指すボリシェビキにとって、外国語を巧みに操り、かつてのツァーリズムを支えた貴族層は「革命の敵」以外の何者でもありません。知識と教養を身につけ、政権運営や外交のノウハウ・能力がある人々を、帝政後の新たな国づくりから強制的に排除したことは、ロシアという国の歴史にとって、まことに悲劇的なことでした。

第13章　ムッソリーニとヒトラー

ムッソリーニの台頭

スターリンは、民主政や共和政の伝統がなく、秘密主義的な王朝が長く続いた国に出現した独裁者でした。ところが、本章で見ていくムッソリーニは違います。彼が君臨したイタリアは、共和政の伝統が長く、歴史的に様々な政体を経験してきた国です。その点でスターリンとは対照的な独裁者といえるでしょう。

ムッソリーニは、もともとイタリア社会党に籍を置く社会主義者で、当初は党が主張する反戦の立場をとっていました。そもそも彼の父は熱心な社会主義者でアナーキズム（無政府主義）的な思想の持ち主でした。ムッソリーニの根底にも、どこかアナーキスト的な変幻自在さがあるような気がします。

社会主義者で反戦を主張していたムッソリーニは、ある時期から一転して強硬な参戦派となります。きっかけは第一世界大戦でした。

この大戦の結果、戦勝国によって領土が分割され、勢力図が塗り替えられていくのは明白なことでした。おそらくムッソリーニは、弱小国イタリアが局外中立・戦争反対などといっている場合ではないと気がついたのでしょう。彼は大胆な現実路線に舵を切ったのです。

ムッソリーニは、社会主義の理想を掲げつつも、その行動は極めて機会主義的でした。つまり、理念的な一貫性や社会正義よりも、様々な機会で自分に有利な道を選択することで政治的に台頭していったのです。反戦から参戦への転向もそうした選択の一つで、党からは除名処分を受けますが、権力をつかむきっかけの一つとなりました。

イタリアが第一次世界大戦に参戦したのは、この戦争の勃発から一年後のことでした。イタリアがイギリス・フランスの連合軍側について参戦すると、ムッソリーニも志願して従軍しています。戦地から戻った彼は、復員軍人などを組織して「イタリア戦闘者ファッシ」なる団体を立ち上げました。

一九二〇年頃になると、社会党左派（一九二一年にイタリア共産党を結党）が大規模な選挙やデモなどを繰り広げていましたが、ムッソリーニは実行部隊（武装行動隊）として

「黒シャツ隊」を組織。革命派の実力行使に武力で対抗し、反社会主義陣営からの支持を集めていきます。

一九二一年五月の総選挙では、イタリア自由党のジョヴァンニ・ジョリッティ首相の呼びかけで設立された「国民ブロック」に参加し、国会で三五議席を獲得。「イタリア戦闘者ファッシ」を政党「国家ファシスト党」に改組します。

さらに翌年、ムッソリーニは左派によるゼネストを黒シャツ隊の力で鎮圧。対応にもたつく政府に対して、「政権をわれわれに与えよ、さもなくば、われわれが奪うかだ」と訴え、一〇月、各地の黒シャツ隊を首都ローマに向けて進軍させる示威行動を行います（ローマ進軍）。この事態を収拾できるのはムッソリーニ以外にないと判断した国王の命により、当時三九歳だったムッソリーニが首相に就任します。

さらに一九二四年の選挙では、国家ファシスト党は「国民ブロック」の所属議員を糾合して「国民リスト」を結成し、議席の七割を獲得。翌一九二五年には、議会で独裁を宣言して、一党独裁体制を完成させるのです。

なぜ戦勝国イタリアに独裁者が生まれたのか

ここで一つの疑問が頭をもたげてきます。なぜ戦勝国イタリアで、独裁政を敷かなければならなかったのでしょうか。

ドイツでナチスが台頭してきたのは、第一次世界大戦で敗戦国となり、多額の賠償金を背負って窮乏したことが遠因とされます。しかしイタリアの場合、確かに、ムッソリーニが台頭してくる一九二〇年代初頭は第一次世界大戦後の戦後不況に見舞われてはいましたが、曲がりなりにも第一次世界大戦の戦勝国です。少ないながらも賠償金を得て、領土も広げています。なぜそんなイタリアにムッソリーニが生まれたのでしょうか。

私は、ムッソリーニが巧みに古代ローマのイメージを想起させたことが、大きな意味を持ったと考えています。イタリア人にとって、最初に世界を制覇した先祖として、古代ローマ人やローマ史は誇るべき栄光の記憶です。前述したように、今でもローマに行くと、マンホールの蓋に「SPQR」という古代ローマの国名が刻まれているくらいです。

ムッソリーニが行った「ローマ進軍」は、かつてスッラ（紀元前一三八〜紀元前七八年）もやったことです。カエサルが武装解除をせずにルビコン川を越えてローマに来た史実もありました。強力な力を備えた人間がローマに向かっていくというシーンは、イタリア人が心に抱く原像に訴えかけるのです。

すでに述べたように、共和政ローマでは、有時には単独の独裁官による指導体制が半年だけ許されていました。ムッソリーニの頭にも、非常時に一時的な独裁政を認めるというローマの伝統があったことは間違いありません。ローマ時代に権威の象徴とされた斧飾り「ファスケス」（第7章参照）を党名に採り入れたのも、ムッソリーニのイメージ戦略です。

普通の教育を受けたイタリア人ならば、誰しもその語源を知っているはずですので、当初はファシスト、ファッショ、ファッシという言葉に悪いイメージはなかったと想像されます。現代人は二〇世紀の独裁政ファシズムを知っていますから、ファシズムと聞くとヒトラーやムッソリーニなどの独裁者を思い浮かべますが、本来は原義的に「独裁」を含意する言葉ではありません。

独裁を求めたイタリア国民の心理

ファシズムをニュートラルに捉えると、ムッソリーニの独裁を別の角度から検討することができます。

第二部で詳述しましたが、古代ローマは独裁者による圧政を防ぐために共和政を打ち立て、五〇〇年に渡ってその伝統を守り続けてきました。しかし、国内においては独裁を許さない体制を維持しつつも、対外的には周辺諸国を武力で侵略する「完全な軍国主義国家」だったことは否定できません。

その意味で、私はローマ共和政の本質は「共和政ファシズム」だと考えています。そして、ムッソリーニが自身の独裁政の柱としたのも共和政ファシズムでした。

反戦を標榜し、攻め込まれたら防戦するというのでは、帝国化が進むヨーロッパでは生き残ることはできません。今こそがイタリア存亡の非常事態ととらえ、自らがカエサルよろしく独裁者となって軍国主義を推し進め、かつてのような栄光をイタリアにもたらすのだ――そのようなビジョンを示そうとしたのが、ムッソリーニという人物であると思います。

重要なのは、そのビジョンをイタリア国民が受け入れたことです。ローマ帝国時代の輝かしい繁栄はイタリア人にとって一番の誇りであり、自己肯定感を喚起する強烈なイメージでした。それは共和政ファシズム、すなわち軍国主義的な強さに容易に結びつくものだったと思います。

その点でドイツとは異なります。第一次世界大戦で屈辱的な敗戦を喫したドイツは、復讐のマグマを愛国心に転化していきました。これに対して勝戦国イタリアは、経済的な疲弊と左派による革命騒擾《そうじょう》の中で「ローマ帝国の栄光を再び！」という夢をムッソリーニに託し、強力なリーダーシップを発揮したかつての皇帝たちに、その姿を重ねていたのでしょう。ほかならぬ民衆が独裁者を求めたのです。

ローマ近郊のエウルという町にあるローマ文明博物館には、ローマ帝国時代の街並みが巨大な模型で再現されています。これを作らせたのもムッソリーニでした。ローマ帝国の再現は常に彼の念頭にあり、民衆の中にもムッソリーニならそれを実現してくれるかもしれないと期待していたことがうかがえます。

「遅れてきた国民国家」という背景

加えていえば、ムッソリーニの独裁を許した理由の一つは、イタリアが「遅れてきた国民国家」だったことにもあると思います。イタリアが国民国家として統一されたのは一九世紀の半ば以降のことで、イギリスやフランスより一〜二世紀遅れています。この「遅れ」が、のちの独裁へと繋がったとみても間違いではないでしょう。

先進の列強が海外へと領土を拡大し、相争っている中に「遅れてきた国民国家」として切り込んでいくわけですから、強大な権力をもって国を率いていかなければ勝ち目はありません。ところがイタリアは、もともと独立した連邦国家の寄せ集めです。なかなか国全体の心が一つにまとまりづらいのです。

今日においても、イタリアの地元愛やローカル色が際立って強いことは、食事やサッカーの文化を見てもよく分かります。ミラノなどがある北イタリアの人間は南イタリアを馬鹿にしていますし、ナポリなど南の人間は北イタリアを「いつも威張りくさりやがって」と嫌悪している。つまり、強権を発動しなければ国がまとまらない文化的・歴史的背景があった——そこからムッソリーニが登場してきたわけです。

さらにいえば、イタリアは資本主義的な近代化でも後れを取っていました。イタリア統一と日本の明治維新はほぼ同時期です。しかし、日本が重工業分野の殖産興業に重点を置いたのに対し、イタリアで繁栄したのは文化・芸術を礎石とする工芸分野などの中小産業でした。これでは先進各国に太刀打ちできません。そこでムッソリーニは、あらゆる面で後進国だったイタリアを「帝国化」するため、ローマ帝国時代に範をとったような強力なファシズムに走ったのだと思います。

レーニンやチャーチルを魅了した男

かくして、当時のイタリア人はごく自然な流れの中でムッソリーニの独裁を受け入れました。ムッソリーニも、イタリア人の熱烈な「ローマ愛」を巧みに利用し、着実に独裁化していきました。そこがムッソリーニ独裁の最大の特徴であり、ヒトラーとは大きく異なる点です。

実際、ムッソリーニは国王に請われるかたちで首相に就任していますし、独裁を目指しつつも当初は連立政権を組んでいます。また、彼は本来無神論者ですが、ローマ教皇とも結びつき、教皇の庇護下で独裁政権の基礎固めをしています。つまり、ムッソリーニは既存の体制に組み込まれるかたちで独裁政を位置づけ、正当化していったのです。これも、カエサルが共和政を表看板としながら独裁政を推し進めていったことと符合するでしょう。

また、ヒトラーが人を寄せ付けない空気を漂わせていたのに対し、ムッソリーニにはある種の「親しみやすさ」がありました。それは、彼がごく普通のイタリア人家庭で育ったことにも由来するでしょう。幼少時のエピソードには、彼の粗暴な一面をうかがわせるエピソードも数多く残っていますが、ヒトラーのように家庭で温もりを受けられなかったわけではなさそうです。

誰に対しても物怖じせず、勉強家でもあったムッソリーニは、若い頃から一目置かれるような存在でした。師範学校を首席で卒業後、見聞を広めるためスイスを放浪しているのですが、この頃彼はレーニンの知己を得ています。二人が出会ったのはムッソリーニがまだ二〇歳前後、政治活動を本格化する以前のことですが、レーニンはムッソリーニ青年の才能と人としての魅力を買っていたようです。やがて第二次世界大戦で敵対することになるイギリスのチャーチル首相も、ムッソリーニの人柄には魅了されたと伝わりますから、不思議な魅力があったことは間違いありません。

たしかに、イタリア人は国民全部が役者だといわれるぐらい、パフォーマンス（演技、身ぶり）が非常に大げさですが、ムッソリーニはそのイタリア人の中でも際立っていました。ヒトラーもムッソリーニに会ったときに「役者としては、自分はムッソリーニには全然かなわない」といったという逸話もあります。

語学の達人で、巧みな話術を備え、ヨーロッパ諸国のパワーバランスをとろうとしていた点は、ビスマルクに通じるところがあるかもしれません。歴史に「もしも」は禁物ですが、ムッソリーニが一〇年早く、あるいは一〇年遅く生まれていたら、現在とは違う評価を得ていたかもしれません。

イタリアの土壌が生んだ独裁者

ムッソリーニとヒトラーが急接近したのは、スペイン内戦でフランコ将軍率いる反乱軍側について共に戦ってからです。その後、イタリアとドイツは枢軸《すうじく》国として同盟して第二次世界大戦を戦っていますが、二人は戦争に対して同じ熱量を持っていたわけではありません。

ヒトラーはユダヤ人の絶滅を旗印にしていましたが、少なくともドイツと同盟を結ぶまで、ムッソリーニはヒトラーの人種政策に対して極めて批判的でした。そもそも独裁政権を確立する過程でも、ムッソリーニはスターリンのように政敵や反対勢力を徹底粛清することもありませんでした。第二次世界大戦に関しても、ムッソリーニは当初、中立の立場をとり、「非交戦国」を宣言しています。しかし、開戦から一年が経過してドイツの優勢が明らかとなり、フランスが陥落しそうだと伝えられると、ムッソリーニは参戦を決意。泥沼の戦いにはまっていくことになりました。

戦況の悪化とともに、イタリア国内では独裁への批判が強まっていきます。連合軍が首都ローマに迫るなか、ムッソリーニは逮捕・幽閉されてしまいます。しかし、ローマを占拠したのは、連合軍の駆逐に駆け付けたドイツ軍でした。ムッソリーニは救出され、イタリア王国に対抗してミラノ近郊に新政権を樹立しますが、その内実はドイツの傀儡政権でした。やがてムッソリーニは無残な最期を迎えます。ドイツが連合軍に降伏する一カ月前、パルチザン（共産党員）に殺され、逆さ吊りの状態で晒し者にされたのです。

ムッソリーニが、ローマ帝国の繁栄を現代によみがえらせるという野望を抱いた独裁者であったことは疑うべくもないことでしょう。しかし、同じ思いを多くのイタリア国民も持っていました。民衆のなかにも、「ムッソリーニだったらやってくれるかもしれない」ということがあったのです。

指導者のことをラテン語では「dux（ドゥクス）」といいます、ムッソリーニはそれにあたるイタリア語「duce（ドゥーチェ）」という名で自分を呼ばせて親しみを演出しました。今でも「duce」というと、すぐにムッソリーニと結びつくほど、イタリア人には馴染みがある言葉です。

また、イタリア社会にはローカリズムと混じり合うかたちで、社会主義的なものが文化の土壌にあります。戦後、イタリアがユーロコミュニズムといわれる社会主義運動の中心地となり、現在でもコミュニズム的な理念を掲げる小政党が複数ある事実も、その証左となるでしょう。イタリア社会に深く根差した共和政の伝統の中には、共和政と民主政と独裁政の微妙なバランスがあり、どこかで社会主義的なものとも共鳴しています。ムッソリーニの行動や彼が掲げた国家社会主義は、その土壌に響くものだったのです。言葉を換えていえば、ムッソリーニは、イタリア人にとってどこか親しみやすい人物でした。ムッソリーニは、イタリアの文化・社会を背景として生まれてきた独裁者だったといえるでしょう。

なぜヒトラーはあれほどまでに残虐だったのか

一方、ヒトラーはどのような存在だったでしょうか。

何より強調しておかねばならないのは、ヒトラーの残虐性です。ヒトラーが展開した反ユダヤ主義政策は、戦後、世界中が戦慄《せんりつ》をもって向き合うことになりました。なかでも、ユダヤ人強制収容所における組織的大量虐殺の実態は、カリグラ、ネロ、ドミティアヌスというローマの三悪帝も霞むほどのものでした。

ヒトラーはなぜ、かくも残虐な行為に走ったのか。その特異性の根本には、彼が劣等生だったことがあるように思えてなりません。家庭や友人にもあまり恵まれず、ギムナジウムにも進学できず、美術学校を二回受験しても合格しない。ゲルマン民族の中では比較的体格も小さいし、見栄えもしない。後年、ヒトラーが自分自身を没入させるような激烈な演説を生み出したのは、自分自身の劣等感を跳ね返すためだったのではないかとさえ思えてきます。少なくとも彼の演説は、ムッソリーニのように持って生まれたパフォーマンスではありませんでした。

ヒトラーのことを考える場合、やはりドイツにおける独裁の系譜を見ておく必要があります。

第11章でビスマルクとヴィルヘルム二世について見てきました。ドイツに独裁者のイメージを定着させたのは、おそらくヴィルヘルム二世でしょう。彼はまったく独善的であり、しかも黄禍論を吹聴したことでも分かるように他民族に対する優越の意識に溢れていました。

しかし第一次世界大戦後、そのような人物がおめおめと亡命し、ドイツは借金まみれの敗戦国になった――その喪失感を埋めてくれる次代のリーダーとして、ドイツ国民が陶酔したのがアドルフ・ヒトラーでした。

ヒトラーは、一時はドイツの英雄でした。ドイツに重くのしかかった巨額の賠償金と、その後の世界恐慌で疲弊しきっていた経済を公共事業で立て直し、列強に封じられていた再軍備を強行し、雇用も回復させています。あれほど痛めつけられていたドイツを、見事に復興させたのは事実です。だからこそ、ドイツ国民はヒトラーを熱狂的に支持し、いずれはドイツ人が世界の支配者として君臨するという荒唐無稽《こうとうむけい》な世界観とセットで、彼の反ユダヤ主義を受け入れてしまったのです。

もっとも、絶滅収容所のあそこまで残虐な実態は、国民のほとんどが知らなかったと思われます。

ヒトラーの宣伝大臣だったゲッベルスの晩年に秘書として務めた女性が、『ゲッベルスと私』(二〇一六年)という映画で「そういうひどいことが行われていたなんて、自分は全然気がつかなかった」と告白しています。もちろん、彼女がどこまで真実を語っているかは分かりません。ともあれ、彼女の表立っての発言が「自分は気づかなかった」というものだったということは、われわれも心に留めておくべきでしょう。

後世から見れば、あれほどの迫害や虐殺に気づかないはずがないとしか思えないのですが、当時のドイツ人たちは、ユダヤ人が連行されて街から消えていっても、どこか遠くの収容所で強制労働させられたり、ユダヤ教を捨てるよう教化されたりしているのだろうと考えていて、身の毛もよだつ組織的な殺戮《さつりく》が粛々と続けられていたとは想像もしていなかった。ドイツの多くの人たちからすれば、見たくなかったということもあるのではないかと思います。人間にはそういう面があることは厳然たる事実です。

二〇世紀の歴史に学べること

ヒトラーが経済政策の成功によって支持を集め、それを足掛かりに独裁体制を固めていったことは、現代の「独裁政」を考える上で重要なポイントの一つだと思います。

世界恐慌が起きたのは、ちょうどロシアにスターリン政権が誕生した一九二九年のことです。スターリンは、資本主義に未来はないと一刀両断し、自身が展開する五カ年計画の成果を事実以上に喧伝《けんでん》して、独裁体制の足場として利用したことが分かっています。経済政策（の喧伝）は、いつの時代も独裁への足掛かりとなるのです。

ヒトラーのドイツも、統制経済によって活力を取り戻したように見えました。戦前の日本でも資本主義の限界が声高に叫ばれて、ソ連やドイツに倣って統制経済を進めるべきだとする意見が極めて強くなりました。そして日中戦争が勃発したこともあって、実際に統制経済へと大きく舵を切っています。

資本主義の自由経済が行き詰まりを見せると、「強権を発動して経済活動を統制すべきだ」とか「計画経済を実施すべきだ」と説く人が必ず出てきます。自由主義一辺倒では、収拾がつかない事態も起こりますから、ときには統制を強めることも必要になってきます。大きな政府か、小さな政府か。市場への介入か、放任か。それは現代のわれわれもなお、直面している問題でもあります。

ときに果敢な決断が必要なことは間違いありません。しかし、ここで私たちが世界史の教訓として思い起こすべきは、その政策が「悪しき独裁」への糸口に、容易になってしまうことでしょう。

共和政ローマは、有事に限って独裁政を認めていました。とはいえ、それは期間が限られた権力でしたし、独裁者が暴走しそうな時には、それを強制終了させるシステムを内包していました。たとえば第5章で紹介した「護民官」などは、まさにそのようなシステムの一つです。現代においても「非常時には半年間、独裁的な政権運用を認めるシステム」を考えることができるかもしれません。

ウイルス禍などの疫病は、自由主義的・民主主義的な手続きでは制御しづらいものです。古代ローマの独裁官に学んで制度を作っておけば、「政権が長期化すると独裁政の弊害に見舞われる」「封鎖や活動制限などは強権的すぎるのではないか」などという議論だけに終始する状況から一歩進んで、「非常事態だから半年間、このリーダーに一任すべきではないか」という考え方も可能になるかもしれません。

世界史の知恵が、どれだけ現代に生かされているか。非常事態にあっても歴史を振り返る知性を持ちたいものです。

第四部　世界史の教訓

第14章　独裁を防ぐヴェネツィアの知恵

世界史上最も長く続いた共和政国家

　ここまでは古代ギリシア、古代ローマ、近代ヨーロッパの独裁について見てきました。最後に紹介するのは、ヴェネツィア共和国の政治機構です。

　古代ローマは独裁を防ぐために共和政を打ち立て、五〇〇年に渡ってその命脈を保ちました。しかし、世界にはローマよりはるかに長く続いた共和政国家があります。それがヴェネツィアです。

　ヴェネツィアの歴史は五世紀頃から始まるといわれ、六九七年に最初のドージェ（執政官）が選出されヴェネツィア共和国が成立します。それから一七九七年にナポレオンに征服されるまで、実に一〇〇〇年以上の長きに渡り、独自の共和政を維持してきました。もちろん後期になると、共和政もだんだん変質していきますが、しかしそれだけ長い期間

「共和政」を守りつづけたヴェネツィアは、世界史上屈指の共和政の成功例といえるかもしれません。

ヴェネツィアに人々が住まうきっかけになったのは、ローマ帝国の衰亡に伴うゲルマン諸族の侵入でした。この難を逃れるべく、人々がラグーナ（潟）に移り住んだのです。もちろんラグーナは住むのに適した場所ではありません。最初の頃は、あくまでもゲルマン人がやってきたときにラグーナに避難するというかたちだったのでしょう。しかし彼らは、何百年もかけてインフラを整え、安住の地を築いていきました。

ヴェネツィアは、最小面積で最小人口であったにもかかわらず、最強の通商交易国家でした。実際に住まう場所は極端に狭い地域でしたが、活動する場は地中海全域に及んでいました。

交易に必要な港を造るために対岸の内陸部を領土化したり、そこを足場に内陸を開発したりと、領土拡大もしてはいますが、さほど力を入れていません。ヴェネツィアは、軍事力ではなく外交力で生き延びる道を選択したわけです。

彼らは自前の商船であちこちに出かけ、アジアとヨーロッパをつなぐ海上貿易を独占します。東方の香辛料、宝石、絹織物を、ビザンツ帝国を経由してヨーロッパの貴族層へ届け、ヨーロッパからは銀を東方に運んで巨万の富を築きます。

小国ならではの戦略

実はビザンツ帝国（東ローマ帝国）は、覇権は握っていましたが、商業交易活動に関してはさほど熱心ではありませんでした。そもそも前近代の社会は、概して商業交易を評価していません。ローマ時代の哲学者キケロは『義務論』の中で、商業を身分の低く貧しい人々の生業《なりわい》として蔑視《べっし》していました。

もっともキケロは、大規模交易によって必要なものが必要な場所に運ばれるようになること自体は素晴らしいといっています。ビザンツ帝国としては必要な物資の調達をヴェネツィアが担ってくれれば助かりますし、ヴェネツィアとしてはビザンツ帝国が自分たちに「依存」してくれることは大変好都合でした。つまりヴェネツィアは、政治的にはビザンツ帝国の覇権下にありながら、商業交易活動に関しては自分たちが中心となって展開できる状況にあり、帝国から免税特権を得ることができたのです。

その特権を生かし、「AからBへ、BからAへ」の単純な二国間貿易ではなく、「Aの産物をBへ、Bの産物をCへ」という多角貿易を展開します。こうしてヴェネツィアは、極小国ながらも地中海世界最強の総合商社国家のような存在になっていきました。

ヴェネツィアは、戦略的に自らの強みを磨いていきました。その一つが造船技術、もう一つが外交力です。

今でもヴェネツィアには「工房都市」というイメージがありますが、交易国家としてより優れた舟を持つために、造船技術の開発に多くのエネルギーを投じていました。それを生かして強力な艦隊も編成し、これを十字軍に提供したりもしています。

また、優れた船を造っても、言語も文化も異なる国々で信頼を勝ち取ることができなければ、継続的かつ有利に商売することはできません。ヴェネツィアは並々ならぬ努力で外交力を磨き上げていきました。優秀な人材を外交担当官として登用すると、各国に常駐させて良好な関係構築を図っています。小国ならではの巧みな戦略です。

さらに商業国家の知恵として、国家財政の規模は最小限に抑えていました。富豪たちをうまく国家に取り込み、役人の規模はそれほど大きくしないことに意を注いでいます。

多国間ビジネスを円滑かつ効率的に行うため、複式簿記をはじめとする合理的な財務システムを導入したことも大きな意味を持ちました。現代の銀行のような機関を作り、現金の授受を行わずとも、各国に設けた支店を通じて帳簿上で決済できるような仕組みも整えています。

「抽選×選挙」でリーダーを選ぶ

以上のようにヴェネツィアが国際交易に専心できた理由は、国内の政治が安定していたからです。

ヴェネツィア人たちは、ローマ帝国の独裁政も、彼らをラグーンに追いやったゲルマン諸族の独裁者も見ています。だからこそ、誰かに支配されることなく、自分たちの自由を尊重し、守っていこうという意識が、ことさらに強かったのだと思います。

彼らは、独裁者の出現を許さない仕組みを独自に構築しています。最初期は、直接民主政に近い仕組みを取り入れていました。

しかし、直接選挙による民主政には弊害があります。たとえば古代ギリシアのアテネでは、独裁者になりそうな人を排除する陶片追放が、政敵を排除する道具になってしまいました。また、国政への参加機会を平等化するため、アテネでは議員を抽選で選んでいましたが、これでは国家運営の資質も適性もない人が選ばれてしまう可能性があります。

リーダー選びにおいても、直接選挙で圧倒的多数票を獲得した人物が、やがて独裁的になり、その権力を濫用するようになってしまう。これは、二〇世紀の歴史が教えてくれる民主政の弊害です。

これらのリスクやデメリットを解消しつつ、突出した権力を持つ独裁者を出さないようにするべく、ヴェネツィアでは限られた統治階級の人々の共同責任による共和政が導入されていきます。特筆すべきは、一三一〇年に「一〇人委員会」が設置されたことでしょう。この機関はもともと、ヴェネツィア共和国を叛逆から守るために設立されたものでしたが、執政官であるドージェの行動や政策をチェックし、合議するシステムとしても機能していくようになります。つまり、ヴェネツィアは寡頭政的な国家運営を行っていたのです。一〇人委員会以下、周到に設計された統治機構がうまく機能したからこそ、元老院が弱体化して共和政が形骸化してしまったローマより、長く続いたのではないかと思います。

また、ドージェを選ぶ際には、抽選と選挙を何度も繰り返すユニークな手法を取り入れました。まずはクジで選挙人を選び、当選者の中から次期執政官になるべき人を選挙で選出します。そこで選ばれた人たちに、またクジを引かせる。このようにして抽選を五回、選挙を四回ほど繰り返していくのです。

この方法をとれば、選出の過程に偶然の要素が入り込むため、誰かが誰かを意図的に選ぶことが難しくなります。特定派閥の多数派工作もできませんし、独裁的な権力を手にしたい個人の野心も無効です。そのうえで、民意が一定程度反映されるシステムになっている。これならば、国のリーダーとしての適性や意志のない人が、たまたま選ばれてしまうこともありません。

ヴェネツィアは傑出したリーダーを数多く輩出していますが、同時に、リーダーが世襲になることを恐れる気風がありました。私がかつて「世界史の遺風」（産経新聞連載）で取り上げたヤコポ・ティエポロは、その点で典型的ではないかと思います。彼は第四六代ドージェであったロレンツォ・ティエポロの息子で、軍人としても非常に輝かしい経歴を持つ人でしたが、期待されながらもヴェネツィアを離れていきました。

その理由は、祖父も父親もドージェだったので自分がドージェになると三代続いてしまうためでした。自分が選んでくれといったわけではなく、民衆側から「やってほしい」という気運が高まったわけですが、それをあくまでも拒否したのです。

二代ぐらいまでならいいけれども、三代、四代になると、どんどん君主政に近いかたちになってしまう。それに対する強い懸念を、身をもって示したのでしょう。

なぜ議員の世襲制度は認めたのか

リーダーの世襲は忌避したヴェネツィアですが、その一方で国会議員の世襲制度は認められていました。終身任期から世襲制になっていくのです。

とかく日本では、二世、三世の議員を毛嫌いする風潮がありますが、単純に批判するのは底が浅いと思います。繰り返し指摘してきたように、世界史を振り返れば、世襲にしたほうが身分にふさわしい人材を輩出できるというローマの元老院貴族的な考えもありましたし、貴族政のほうがいいというアリストテレスの主張もありました。加えて、ヴェネツィアの例もあるわけです。世襲制の中で培われてきたものがあることに目を向けてもいいのではないでしょうか。

そもそも、ヴェネツィアで議員の終身制が認められるようになった経緯も深い知恵に基づくものでした。これは一二九七年、第四九代ドージェであるピエトロ・グラデニーゴが行った改革にさかのぼります（ちなみに、先述の「一〇人委員会」を設立したのもピエトロ・グラデニーゴでした）。

当時、国会議員がいくつかの有力家門によって独占される傾向が強くなっていました。

普通であれば、既得権益者の首を切って刷新することもありうるかもしれません。しかしピエトロ・グラデニーゴは、まず既に議席を持っている人々を終身制にして身分を保障します。そのうえで議員の定数を増やし、ドージェとその補佐官によって推薦された者を議員とする道を開いたのです。かくして、有力家門の人間だけでなく、適材を登用することに成功します。

これは作家の塩野七生氏が『海の都の物語』でも紹介している逸話ですが、なかなか賢い方法だと思います。たしかに旧議員にも給料を払うのは一見無駄なようですが、新旧権力の無駄な確執や対立を生むよりはましです。

貴族の存在を前提とした共和政は、現代の日本人にとってはピンとこないかもしれません。しかし、国を運営する「安定装置」として共和政をフラットに捉えなおし、学ぶべきは学ぶという姿勢が、私たちに求められているように思います。

「小さな海軍強国」でありつづけたこと

ヴェネツィアの共和政が長く続いた理由として、ローマのように領土を拡大していかなかったことも挙げられるでしょう。

ヴェネツィアは通商国家であると同時に、強力な海軍国家でもありました。しかし、軍事力の使い途を誤れば、肝心の交易に支障をきたすことになりかねませんし、下手に他国領土に攻め込んで負けてしまえば、国そのものが危うくなってしまいます。

もちろん、例外はありました。一三世紀初頭には、第四回十字軍を主導してコンスタンティノープルを占領したり、一四世紀末にはライバルのジェノヴァ共和国を海戦で破ったりもしています。しかし、あくまでも拠点はヴェネツィアであり続けました。共和政も民主政も、一定以上の規模になると破綻してしまうことを、彼らは古代ギリシア以来の歴史から学んでいたのかもしれません。

しかし一五世紀に入ると、ヴェネツィアはオスマン帝国に国境を脅かされます。また、ヨーロッパ列強の覇権争いにも巻き込まれ、難しい局面を迎えます。大航海時代を迎え、喜望峰周りのルートが拓かれたことも大きな痛手となりました。やがてナポレオンのイタリア侵攻後、オーストリア領となり、ヴェネツィア一〇〇〇年の歴史は幕を閉じました。

ヴェネツィアという国のプリンシプル（原則）は、「活動エリアは広く、国の規模や政府は小さく」でした。これは、広大な国土や資源を持たない日本にも当てはまる原則ではないでしょうか。

ヴェネツィア人は自分たちの強みと弱み、可能性と限界をよく弁《わきま》えていました。だからこそ、ヴェネツィアは小国でありながら、地中海世界で大きな存在感を示すことができたのです。否、小国であるからこそ、経済の持つ意味や国際交易の重要性にいち早く気づいたのでしょう。

果敢に「外」に打って出るための戦略。そして、そのために必要な「内」の安定を図る知恵。現代日本がヴェネツィアの共和政に学ぶべきことは、数多くあります。

第15章　「デジタル独裁」という未来

感染症が「自由」を奪ったことの意味

二〇二〇年に入ってパンデミックとなった新型コロナウイルス感染症は、世界の多くの人びとの生活を一変させました。所得や人種・性別に関係なく、ある意味で極めて「平等」な感染症は、様々な自由を奪っていきます。この点を足掛かりに、コロナ時代の政治について考えてみましょう。

一八世紀フランスに、バンジャマン・コンスタンという思想家・小説家がいます。彼は「近代人の自由と古代人の自由」と題した講演（同名タイトルで岩波文庫に所収）のなかで、古代人にとっての自由は「奴隷でないこと」であり、自ら実践できることであるのに対し、近代人にとっての自由は「享受すべき個人的権利」であるといいます。

古代人にとって「奴隷でない」ということは、主人に仕えていないことを指します。それはとりもなおさず、自分一人で意志決定ができることを意味します。しかし、彼らが近代的な意味で「自由」だったかというと疑問です。ほとんどの場合、国家や公事の決定への関与は制約があったからです。

古代ギリシアのポリスの場合も、直接民主政に参加できるのは奴隷を除いたごく一部の市民にかぎられていました。また、「直接参加」というと聞こえはいいかもしれませんが、自分の生活を享受する時間を犠牲にしなければなりません。

ところが近代人は、選挙で選んだ代議士（政治家）に政治を任せることで、自由になった時間を権利として享受できるようになりました。しかも、大きな方向性の決定には、選挙の投票行動によって関与できるわけです。

私は、人間の本来のあり方は、ホイジンガのいう「ホモ・ルーデンス（遊ぶ人）」だと思います。近代人は、代議制をとることで個人の自由な時間を生み出し、遊びに使えるようになりました。古代とは比べものにならない多くの人びとが、そのような「自由」を手に入れたのです。

しかし、コロナ禍で私たちが制限されているのは、まさにそのような近代的な自由です。旅行にも行けず、会いたい人に会えず、不要不急の外出も「自粛」する。特に先進諸国に住む近代人は、第二次世界大戦以来、経験することのなかったような規模で、当たり前に享受していた自由を脅かされています。

なぜ自由が奪われているのか。それが感染症対策として有効だからです。つまり、パンデミックのような非常事態においては、迅速かつ強力にして、私たちの自由を縛るような意思決定が効果的で、その点では独裁的な政治体制に分がある。私たちは、答えの見えないディレンマに悩まされています。

悲劇を生んでしまいかねない「劇薬」

この事態をどう考えればいいのでしょうか。私がいま必要だと考えるのは、独裁を徹底的に忌避することではなく、部分的かつ限定的に取り入れていくことです。そして、そのためのヒントとなるのが共和政の歴史だと思います。

第二部で述べたように、共和政ローマの人々は独裁を徹底的に防ごうとしました。一方で、有事の際には独裁官（ディクタトル）に権限を集中し、かなり独裁的な力を与えていました。それは、ローマ人たちの中に「もう独裁はこりごりだ」という共通認識がありつつも、独裁のメリットを知悉《ちしつ》していたからでしょう。期間限定で、重任を認めず、退任後には告発される可能性を残した制度設計は、独裁を認めることの条件としては見事だと思います。

もちろん独裁政には害が付き物で、手放しで称賛するわけにはいきません。香港や新《しん》疆《きょう》ウイグル自治区などの民主主義を弾圧する中国共産党のやり口は批判されて当然です。

現代の政治家、少なくとも民主主義国家を標榜する国の政治家には、幾重《いくえ》もの権力チェックが働く仕組みになっています。しかし、トップがカネやヒトを巧みにコントロールすることで、チェック機構が形骸化している例は少なくありません。また、国のトップが役職任期を延ばす傾向があることにも注意が必要です。独裁が腐敗するのは歴史が教えてくれていますから、限定的にしていく仕組みが絶対に必要です。

国民が自分で考えたり、決定したりしなくて済む――独裁政の特徴の一つです。しかしこの「劇薬」は、使い方を間違えたら悲劇を生んでしまう。そうならないためにも、私たちはいま一度歴史に学ぶべきだと思います。

「派閥政治」の否定は本当に正しかったか

もちろん、「独裁政は、基本的には悪《あ》しく危険なものだ」「大事なことは集団合議によって決めていくことが大切だ」という考えは、ベースの部分で持っていなければなりません。

その一方で、民主政にも様々な問題や陥穽《かんせい》があることを知っておくことも重要です。民主主義は、本質的にはポピュリズムです。ポピュリズムに堕ちるというより、もともとポピュリズムなのです。それを踏まえたうえで、少しでも良い政治にしていくために、独裁政や共和政の良い点を学ぶ姿勢は持っておくべきでしょう。

ヨーロッパを訪ねた時にテレビ報道を見て感心するのは、政治家が言葉をつくして説明することです。弁論術の世界に生きる人たちですから、当然と言えば当然なのですが、彼らには見識を備えた人であらんとする意志が感じられます。

翻って日本の政治家はどうでしょうか。質問をはぐらかすのはまだいい方で、詰め寄る記者を恫喝する政治家までいる始末です。権力をチェックするジャーナリストにこのような態度を取る政治家が、見識と節度のある人間とは言えません。国民としても特段それを問題視しないようですから、案外、何かの拍子で日本はころっと独裁に転んでしまうかもしれません。

なぜ見識のない政治家が増えたのか。私は日本政治の専門家ではありませんが、派閥政治が終わったといわれることと無関係ではないと考えています。「派閥政治」といえば、現在の日本ではもっぱら絶対悪と見なされがちです。しかし、悪いことばかりではなかったはずです。

考えてみれば、ローマの元老院はまさに典型的な「派閥政治」でした。問題関心や意見に応じてファクティオ（党派）が形成され、同じ意見の人たちがファクティオ内で議論を練り上げ、そのうえで異なる意見や主張を持ったファクティオ同士が対抗していく――このような構図がよく見られました。

日本の派閥でも、同じ目的意識を持った政治家たちが政策談義をし、切磋琢磨して見識を磨いていたのは間違いありません。さらに、それぞれが資金を集め、お互いに切磋琢磨（というより首相の座をめぐる権力闘争）をすることにより、相互チェックもできていました。その緊張感のなかで、派閥の力を高めるために一定の人材育成がなされていたことも間違いありません。

しかし、小選挙区制になり政党助成金の制度も始まってから、だんだんとその気風が失われていきました。政治家は自分の特色を磨く必要はなく、党のいうことだけを聞いていればいい。政治家がある種の「サラリーマン」化してしまったことは、これからの日本にとって大きな損失であるように思います。

政治を動かしていくにはゲゼルシャフト（機能体組織、利益社会）だけでは不十分で、自由で活発な議論を行ったり、仲間内で擦り合わせしたりするゲマインシャフト（血縁、地縁、友情、精神的連帯などを基盤として自然発生的に形成された有機的共同体）が必要だと思います。そしてそのようなゲマインシャフト的組織や空間を形成するうえで、派閥政治は一定の役割を果たしていたのではないでしょうか。

もしかすると派閥政治を排するのは、むしろ一面で元老院的な気風を削ぎ、見識を磨いていく場を失わせていくことになったのかもしれません。

「デジタル独裁」の時代に考えるべきこと

現代における独裁を考えるうえで、無視できないのがイスラエルの歴史学者ユヴァル・ノア・ハラリの議論です。彼は、近著『21 Lessons』（河出書房新社）の中で、デジタル独裁時代の到来を指摘しています。

近年、ＩＴやバイオテクノロジーの急発達により、ＡＩ（人工知能）が人間よりもはるかに効率よく、的確な答えを出すようになりました。ロボットやドローンが人間に代わって仕事をすることも、各分野で当たり前になってきています。ハラリは、やがて政治の世界にも同じことが起こるだろうといいます。すなわち、ＡＩがすべてを決定する「デジタル独裁」の可能性です。

古代の人々は神々の声、あるいは聖典に書かれたことに従ってきました。それは、逆らいようのない絶対的なものです。しかし、ある時期を境に、人間は自分の頭で考えることで神の声を凌《りょう》駕《が》するようになりました。私は、その境目は紀元前一〇〇〇年頃にあると考えていますが、ハラリは数世紀前のことだといいます。それはともかく、人間はＡＩという新たな神々の声を聴く時代へと突入しつつある、というのがハラリの議論です。

デジタル独裁は、人間による独裁よりも深刻な問題をはらんでいるように思います。最も恐ろしいのは、コミュニティが壊れていくことでしょう。合議の必要性が薄くなるわけですから、国政から地域の集まりにいたるまで、集まった人々で何かを決めることがなくなる。ありとあらゆるコミュニティの存在価値が揺らぎ、人々はＡＩによる合理的な決定に従うだけの存在となりかねません。

さらにいえば、ヨーロッパの法観念と中国の法観念の違いが、デジタル独裁の行方に大きな影を投げかけるかもしれません。

ヨーロッパの場合、それこそ「ローマ法」以来の伝統で、最初にルールが定められていて、それに逆らった悪いことをする人は取り締まられることになります。一方、中国では逆に、「悪いから処罰されるのだ」という発想になりがちです。

中国的な発想を象徴するのが、魯迅の『阿Q正伝』でしょう。阿Qは最後に処刑されますが、そのとき世論は「阿Qが悪いことをしたのだ。銃殺に処せられたのが何よりの証拠で、悪くなければ銃殺されるはずがない」というものでした。

「デジタル独裁」的な価値観が入ってきたときに「悪いから処罰される」という発想で対処すると、諸々の問題が起きそうです。たとえば、「AIの正しい判断に従わないのは悪いことで、処罰されるべきだ」という判断軸が生まれてくるのか否か。興味深くも不安を掻きたてられる問題です。

今こそ歴史の教訓に学ぶべき

AIによる「デジタル独裁」の場合、そこで下される判断はかなり正しい可能性があります。そうすると、かつてプラトンが哲人皇帝を肯定していたように、「デジタル独裁のほうが良い」という考え方にもなりかねません。

本章の冒頭でも述べたように、独裁政の特徴の一つに、個々人が自分で決定をしなくて済むので、ある意味では「楽」になる点があります。ＡＩの判断のほうが正しい可能性が高いとなれば、人々はむしろ安逸な方向に流されていく可能性も否定できません。

今までの歴史のなかでは、独裁者の行った悪い面が強調されがちでした。とくに二〇世紀のスターリンやヒトラー、ムッソリーニ、毛沢東などの事例を受けて、独裁政は批判されることが多くなっています。

しかしこれから、実際にデジタル独裁政が起こってきたら、人々はそれをいかに判断するか。この点は今後、より深刻な問題になるかもしれません。ハラリ自身も、どちらかというと悲観的な意見を持っているようです。

ただしハラリは一つ、示唆に富んだ指摘をしています。それは、ＡＩが人間に代わって仕事を担えば、人々は潤沢な時間を手にすることができるということです。これを使って、子育てや趣味などを通じた新たなコミュニティを作れば、ＡＩ時代にも人々のつながりは失われないかもしれません。この点は、私は非常に大事だと思います。

デジタル化やＡＩ化の進展で人間に十分な時間ができることによって、新たなコミュニティを作れる可能性がある。この姿は、共産主義が理想にしていたこととも重なります。

共産主義では、生産力を上げることによって午前中を労働に当て、午後は自分の趣味に当てるような姿を理想として語っていました。

二〇世紀の歴史のなかで社会主義や共産主義の試みは失敗しました。ただ、それは「平等」を基調とした社会主義や共産主義が失敗したのであって、見方を変えれば、「自由」を基調にした社会主義や共産主義もありうるのかもしれません。そして、それをデジタル独裁という方向が後押しするのかもしれません。

考えてみれば、古代ギリシアやローマの「市民社会」は、労働階級としての奴隷を前提として成り立った社会でした。奴隷に労働を任せておいて、富裕な人たちは趣味や楽しみに没頭することができたのです。そのような姿が、デジタル化、AI化、ロボット化などをうまく使うことで手に入るかもしれないのです。

そのようなことが本当に可能なのか。あるいは、そのような姿が実現したときの問題点はどこにあるのか。そのようなことを考えるにあたっては、古代ギリシアや古代ローマのことを研究するのが、意外な近道になることでしょう。

ハラリは前掲書で、これから訪れるであろう大変化を古代社会におけるナイル川の氾濫《はんらん》にたとえています。ナイルの氾濫は、一部族が一生懸命に止めようとしても止められるようなものではなく、だからこそ、各部族は連合して対処しようとした。これからわれわれも、一国単位で考えるのではなく、世界規模で考えなければいけないというのです。興味深い指摘です。そして、そのようなことを考えるうえでの問題点や課題も、古代史の教訓が教えてくれるはずです。

歴史は、未来を切り拓こうとするときに、大きな知恵を与えてくれるものです。時折、教育行政のなかで古代史あるいは前近代史を軽視する意見が出されることもありますが、そのような愚かなことをしてはいけない理由もそこにあります。デジタル化、ＡＩ化、ロボット化が必然的に推し進める社会の変化に対応するためにも、独裁政、民主政、共和政の歴史を学ぶべきである——そう強調して、本書を終えたいと思います。

本書は、1話10分で学ぶ教養動画メディア「テンミニッツTV」で配信された講義「独裁の世界史」を書籍として編集したものです。書籍化に際しては、大幅な加筆修正を加えています。

「テンミニッツTV」は、「よりよく生きる知の力」を身につけるための教養動画メディアです。現代のような「知識の爆発」の時代に、「知らない知識を学びたい」「生涯学んで、知を楽しみたい」「正しい知識や深い見識を身につけたい」という願いをかなえるために、各界の第一人者による信頼できる講義をインターネット空間に蓄積し、日本で最高水準の「知」や「教養」を1話10分の動画で学べるようにする——その基本コンセプトのもと、現在、200人以上の講師による、3500本以上の講義を配信しており、さらに毎日、新規講義が追加されています。配信されている講義は歴史・哲学・文化から政治・経済・ビジネス・科学・医技術・医学などまで多岐にわたって

編集協力　大旗規子
　　　　　イマジニア株式会社
校閲　髙松完子
ＤＴＰ　㈱ノムラ
地図作成　原　清人

本村凌二 もとむら・りょうじ

1947年、熊本県生まれ。
東京大学名誉教授。専門は古代ローマ史。
一橋大学社会学部卒業後、
東京大学大学院人文科学研究科博士課程修了。博士(文学)。
東京大学教養学部教授、同大学院総合文化研究科教授、
早稲田大学国際教養学部特任教授などを歴任。
著書に『薄闇のローマ世界』(サントリー学芸賞、東京大学出版会)、
『地中海世界とローマ帝国』(講談社学術文庫)、
『世界史の叡智』(中公新書)、『馬の世界史』(中公文庫)、
『教養としての「世界史」の読み方』(PHP研究所)など。

NHK出版新書 638

独裁の世界史

2020年11月10日 第1刷発行
2022年 7 月10日 第3刷発行

著者 本村凌二

発行者 土井成紀

発行所 NHK出版
〒150-8081 東京都渋谷区宇田川町41-1
電話 (0570) 009-321(問い合わせ) (0570) 000-321(注文)
https://www.nhk-book.co.jp (ホームページ)
振替 00110-1-49701

ブックデザイン albireo

印刷 新藤慶昌堂・近代美術

製本 藤田製本

Printed in Japan ISBN978-4-14-088638-0 C0222